JN014152

香川県庁舎／丹下健三、1958年、香川県（→p.100）

八勝館 御幸の間／堀口捨己、1950年、愛知県（→p.50）

藤村記念堂／谷口吉郎、1947年、岐阜県（→p.80）

海の博物館／内藤 廣、1992年、三重県（→p.178）

日本二十六聖人記念館／今井兼次、1962年、長崎県（→p.58）
p.v上：名護市庁舎／Team Zoo象設計集団＋アトリエ・モビル、1981年、沖縄県（→p.170）
p.v下：国立劇場おきなわ／高松 伸、2003年、沖縄県（→p.182）

星薬科大学本館／アントニン・レーモンド、1924年、東京都（→p.16）

たねや ラ・コリーナ近江八幡＜草屋根＞／藤森照信＋中谷弘志、2014-16年、滋賀県（→p.190）

ラムネ温泉館／藤森照信＋入江雅昭（IGA建築計画）、2005年、大分県（→p.186）

藤森照信の現代建築考

文＝藤森照信　撮影＝下村純一

鹿島出版会

まえがき

建築史家として私は、個々の建物を訪れ、その作りに刺激されてあれこれ歴史の道筋を探る、という足で考えるやり方を続けてきた。対象は古今東西に及ぶが、近年は日本のモダニズムに関心が湧き、建築写真家の下村純一さん、編集者の藤繁和さんと一緒に重要建築を訪れ、その探訪記を東京ガスのPR誌『LIVE ENERGY』に連載してきた。個々の探訪記ゆえ、一回ごとに話は終わるが、こうしてまとめてみると、筋は確かに通っている、と安心している。具体的にはフランク・ロイド・ライトに始まり丹下健三を経て、今も活躍する〝野武士〟の面々までの建築を扱っている。扱いながら、日本に建築という新しい表現の領分を開拓した明治初期の辰野金吾の夢のことを思った。夢のひとつはヨーロッパに追いつくこと。ふたつ目は、日本の伝統を何とかすること。

当時のヨーロッパとは、歴史主義時代の最終段階にあり、やれゴシックリヴァイヴァルだ、それネオ・バロックだと、ヨーロッパの分厚い過去のスタイルのおもちゃ箱をひっくり返すような状況にあったが、それを辰野とその教え子たちの世代がそれぞれの思想に従って取捨選択し、大正の初めには追いついている。

追いついたのと時を同じくして、ヨーロッパでは追いついたばかりの歴史主義を否定する動きが始まる。アール・ヌーヴォーから表現派にいたるわずか三〇年ほどのこの動きのことを〝モダンデザイン〟とイギリスの優れた建築史家はまとめたが、モダンデザインがバウハウスに収束した〝モダニズム〟の立場から眺めると〝プレ・モダニズム〟と呼んだほうが腑に落ちよう。

そのプレ・モダニズムがモダニズムに進化する短くかつ微妙な時期を生きたのが〈旧・鶴巻邸〉の本野精吾と〈星薬科大学〉の初期アントニン・レーモンドであった。二人とも鉄筋コンクリート造という科学技術の成果にどんな表現を与えたらその特性を生かせるかというテーマに挑み、この時点でヨーロッパの建築界の先頭争いから頭ひとつ分、抜きん出る。もちろんル・コルビュジエも抜いた。今から九〇年ほど前の昭和の初め、辰野の「追いつく」夢をさらに超え、日本の建築界の先端は「追い越す」段階への第一歩を踏み出したのである。

一方、辰野のもうひとつの夢である「日本の伝統」はどうなったのか。当初、ヨーロッパ歴史主義の一齣（ひとこま）として日本の伝統的様式が組み込まれただけだが、プレ・モダニズムの時期に、藤井厚二がプレ・モダンと日本の伝統には共通性があることを発見し、さらに一歩進んだモダニズムの勃興期に、まず丹下健三が、伝統の木造架構法の柱梁構造（軸組構造）と鉄筋コンクリートのラーメン構造（軸組構造）の共通性を認め、実現は戦後になるが〈香川県庁舎〉において、木造の美を鉄筋コンクリート打放しに置き替えることに成功し、丹下は世界のトップへと抜きん出た。丹下こそ、「追い越し」と「日本の伝統」のふたつを一緒にして実現したのだった。

辰野金吾（K・T）に始まり丹下健三（K・T）にいたる――これが日本の近代建築の背骨といって構わないが、背骨は太く固く直線状であるから、これだけでは肉体はちゃんと働かず、働くためには、筋肉も必要だし、皮膚や目鼻も欠かせない。

日本の建築界が近代という激変の時代にちゃんと機能できたのはさまざまな傾向の建築家たちが存在したからで、とりわけ、ヨーロッパと比較して思うのは、村野藤吾、白井晟一、今井兼次からなる一群の存在で、そのおかげでどれほど日本のモダニズムの時代は豊かになったことか。彼らは、一九二〇年代後半にバウハウス（ワルター・グロピウス、ミース・ファン・デル・ローエ）とル・コルビュジエの影響が入ってきたとき、その力と魅力を認めながら、自分がすでに立脚するプレ・モダニズムから動こうとはしなかった。

モダニズムには人間と建築を結ぶための糸が一本抜けている、と見ていた。その一本が何であるかについて村野も白井も今井も書いていないが、幸い村野は最晩年、赤坂離宮の改修が終えたとき、建築史家の関野克に対し、「遠目はモダニズム、近目は歴史主義」と短く語っている。モダニズムには、近づいて初めて見えてくる細かい造形と仕上げの妙が欠ける。

欠けたものがあるからといって、それを埋めれば済む、というほどモダニズムの骨格は単純ではない。「神は死んだ」後、神の座に科学技術を据えて、モダニズムは、全知を傾け、全感覚を研ぎ澄ませて、思想、技術、表現を一体にして進んできた。

その先がどうなるかは分からない。実は、モダンデザインというかプレ・モダニズムの三〇年間も、この先の分からない時代であった。今から振り返るとその時の右往左往は戦国時代に似て、見ていて飽きることはない。

藤森照信

目次

Group 3

造形性、力動性と民族性、記念碑性を接合させたコルビュジエ派の建築家たち…74

Group 4

戦後モダニズムにおけるバウハウス派とコルビュジエ派の建築家たち…140

本書は、東京ガス㈱発行『LIVE ENERGY』誌において、二〇〇二年～二〇一七年に渡り、「評論　現代建築考」として連載されたものを加筆・訂正し再構成したものである。

Group 1

モダニズムに共通する住まいの原型をつくり続けた建築家たち

浮田山荘／ウィリアム・メレル・ヴォーリズ、一九二〇年
ヨドコウ迎賓館（旧・山邑家住宅）／フランク・ロイド・ライト、一九二四年
星薬科大学本館／アントニン・レーモンド、一九二四年
東京女子大学礼拝堂／アントニン・レーモンド、一九三八年
三重大学レーモンドホール／アントニン・レーモンド、一九五一年
群馬音楽センター／アントニン・レーモンド、一九六一年
立教学院聖パウロ礼拝堂／アントニン・レーモンド、一九六三年

日本のモダニズム建築を扱う本の冒頭の一群としてウィリアム・メレル・ヴォーリズ、フランク・ロイド・ライト、アントニン・レーモンドの三人が登場するのに違和感の湧く読者もおられるかもしれない。

確かに、三人の共通性はアメリカ人というしかないし、世界のモダニズム誕生に大きな役割を果たしたライトと、同じ働きを日本でしたレーモンドはまだしも、モダニズムの仮想敵に違いない歴史主義様式の徒であったヴォーリズは何で顔を見せるのか。

ヴォーリズは歴史主義としてはゴシック様式やスパニッシュ様式を得意としているが、ここで扱う浮田山荘にはそうした歴史主義には納まらない、というか歴史主義成立以前にまでさかのぼる質が観察されるからだ。

過去に成立した様式を再生したり手本とする姿勢を歴史主義というなら、一五世紀のルネッサンス様式から歴史主義はスタートするが、そのずっとずっと前までさかのぼり、古代エジプトの壁を破って建築の起源をたどると、人の住まいは火のある〝小空間〟にいたる。そして、モダニズムの住宅も、この状態までさかのぼることを求め、だから、ウォルター・グロピウスもミース・ファン・デル・ローエもブルーノ・タウトもル・コルビュジエも意識して最小限住宅に取り組んでいる。

浮田山荘にはそれがある。長方形の小さな部屋と奥の角に位置する粗い石積みの煖炉。

粗い石積みの煖炉は、ヨーロッパではなくアメリカ特産のつくりで、開拓期に由来する。ヨーロッパの建築の基本をつくったのは温暖な地中海方面だから煖炉が室内空間のヘソとして表現されることは少なかったが、アメリカ開拓は寒い北東部から始まったせいで、最初から、近所から集めてきた石材を積んで煖炉をつくり、その火を囲んで家族が憩うことを旨として発達している。

火を核とした住まい――このモダニズムにも共通する住まいの原型が浮田山荘には見られるし、ライトの山邑家住宅にも、ここでは取り上げなかったがレーモンドの手になる住宅にも顕著で、さらに戦後の吉村順三の住宅へと流れてゆく。

モダニズムは、結局、住まいの火の役割は、まずガス（ガスストーブ）へ、さらに電気（空調機）へと交代させて今にいたるが、ライト、レーモンド、吉村の三人は、電気の時代になっても住宅においては煖炉をつくり続けたことを忘れないようにしたい。

浮田山荘

ウィリアム・メレル・ヴォーリズ

①

②

所在地　長野県軽井沢町
竣工　一九二〇年
構造　木造
規模　地上一階
延床面積　三三㎡
※一九二二年竣工との説もあり

④

③

① 道からの見上げ。これも煖炉に注目
② 茶室と見まごうほど小さい
③ 自然石積み煖炉はアメリカの特徴
④ 石積みも板張りもアメリカ開拓に由来する

このシリーズ（連載時の意）、もっぱら戦後のモダニズム建築を取り上げるが、今回はウィリアム・メレル・ヴォーリズである。近江八幡を本拠に、大正から昭和戦前まで、洋風のミッション建築と住宅の名作を残している。近年、一般の人の人気は急上昇中だが、今回、そうした洋館建築家としてのヴォーリズを取り上げようというわけではない。

〝建築空間の極限〟への関心からだ。分かりやすくいうと、建築表現として魅力を保ちながら、空間はどこまで狭く小さく出来るのか。もし、小さくした果てに、この先はないという状態があれば、これが建築というものの単位空間となる。物質における原子（今ではクォークなどが極小単位）のように。

極限空間を求める動きは、世界の建築史上、二度しか起きていない。一つは、一六世紀の利休の茶室。もう一つは、ル・コルビュジエや池辺陽の仕事で知られる二〇世紀の最小限住宅の試み。

この二つに加えてもう一つ、表現追究の要素が貧しいから建築史上の動きとは言い難いが、アメリカ開拓者の小住宅がある。彼らは、当初、しかたなく小さな家に住んでいたが、やがて、その小ささを開拓時代の住まいの記憶として大事にするようになり、好んで小さな木造別荘をつくるようになる。

日本での実例としては、軽井沢の旧・堀辰雄別荘が知られているが、明治末年、アメリカ人貿易商のためにつくられたということのほか分かっていない。同じ軽井沢にもう一つそうした

⑤ 乱石積みの煖炉に注目
⑥ 増築前の平面図：『婦人之友』誌一九二二年掲載の平面図より

流し
押入
棚
台所
寝室
七輪
棚
押入
W.C
台
押入
箪笥
玄関
居室
18.1尺
17.5尺
21.5尺
⑥

アメリカ系の木造小住宅があると知ったのは、ヴォーリズ展の会場でだった。ヴォーリズが軽井沢に自分の新婚用の別荘を一九二〇年（一九二一年との説もある）に建て、

「九尺二間の家」

と呼んでいたというのである。九尺二間とは江戸の下町の貧しい長屋を指し、面積にすると一間半×

⑤

二間の三坪。極小住宅といっていい。

で、取材に出掛けた。今は、ヴォーリズの会社から譲り受け、画家・浮田克躬のご遺族が使っておられる。

建物を眺め、左手への後ろの増築部分をのぞいても、九尺二間よりは大きい。目測で計ると、二・五間四方よりちょっと大きいくらい。面積にすると六坪強。九尺二間はヴォーリズの誇張だったが、でも六坪強なら極小住宅といってかまわない。

まず外観から。道から見上げ、庭から眺め、後ろの山から見下ろし、矯めつ眇めつしたが、いい。なかなかいい。道から見上げると、壁から突き出して軒の上に抜ける煙突が利いている。粗い自然石の固まり的造形が、軽い木造に一本グイッと背骨を通したような趣き。庭から見ると、まん中に大きな窓が一つ。左手に入口の小テラスが一つ。必要最小限のつくり。後ろの山の斜面から見下ろすと、方形屋根がいい。サイコロ状というか立方体的というか、これも必要最小限感が充分。

中はどうか。台所、洗面所のほかに二室からなり、庭に面した居室（食堂兼居間）は、目測によると九尺二間で、ヴォーリズはこの部屋のことをそう呼んだのかもしれない。寝室は一坪半ほどで二段ベッド。

私が注目したのは煖炉だった。その辺から拾ってきたような石を積んでいる。いかにも開拓の小屋。内装は縦羽目板張りに押し縁。乱石積み煖炉も〝ボードアンドバテン〟と呼ばれる〝縦羽目板張り押し縁〟も、アメリカ開拓のしるし。

外観に締まりを与え、ただの仮小屋ではない印象を与えていたのは煖炉だったが、インテリアも、この煖炉がなかったらただわびしい住まいになったに違いない。

煖炉の存在感が、外観においても室内においても、ただ小さい空間を越えて、人間の始原的建築たらしめている。

これは、煖炉に積まれている粗い石の力だろうか。木造の中の石積みという点ではそういう効果もあるが、ことの本質は違うだろう。煖炉の力ではなくて、火の力ではあるまいか。利休の茶室も、炉（火）を不可欠とした。利休（とその師の紹鷗）以前、茶室に火はなく、使用人が別室で点てた茶碗を運んでくるものだった。

利休の茶室もアメリカ開拓者の小屋も、極小空間を生きた空間たらしめているのは火の投入なのである。

ヨドコウ迎賓館

フランク・ロイド・ライト

旧・山邑家住宅

所在地　兵庫県芦屋市山手町三—一〇
竣工　一九二四年
構造　鉄筋コンクリート造
規模　地上四階
敷地面積　四七〇〇㎡
建築面積　三五九・一㎡
備考　国指定重要文化財（一九七四年）

フランク・ロイド・ライトの作品は、北アメリカ（アメリカ、カナダ）以外には日本にしか存在しない。日本は、二〇世紀の四人の巨匠、ライト、ル・コルビュジエ、ミース、ガウディのうち二人の作が現存する例外的な国なのである。

ライトの日本現存作としては、帝国ホテルの一部、自由学園、旧・林愛作邸、そして今回のヨドコウ迎賓館（旧・山邑家住宅）の四作を数えるが、往時の姿をよく伝えるのは、残念ながら自由学園とヨドコウ迎賓館の二つだけ。

現存四作のうち、ヨドコウ迎賓館だけが東京以外の阪神間にあるのは、施主の山邑太左衛門が〝櫻正宗〟の銘柄

①

②

で知られる名門酒造会社のオーナーで、本拠は灘にあったからだ。太左衛門の別邸として、灘を眼下に望む六甲山の山麓につくられた。

この建物の存在が学会に報告されたのは五〇年近く前の私が大学院生時代のことで、その時、一番のテーマは、設計者がライトか弟子の遠藤新か、ということだった。旧・山邑家住宅が完成したのはちょうど『新建築』誌の創刊の時期と重なり、創刊号の巻頭をライト設計作品として飾ったのに、弟子の遠藤新説が出てきたのは、完成時にライトは日本を去っていたのと、棟札にはライトではなく、遠藤新の名があったからだ。

研究によって、ライトが設計をし、ライト離日後は遠藤が施工を監理して完成させたことが明らかになり、今では、自由学園同様、ライト設計+遠藤監理、で落ちついている。

作品の質は、ライトと遠藤では差があり、見ればすぐ分かる。遠藤の作は伸びやかさに劣るところがあるというか、創造した者とそれに学んだ者の違いといえばいいか、鮮烈さが違うのだ。ライトの引いた線は走っている。スピード感がある。

久しぶりに訪れ、神戸の地震の傷もきれいに復原修理され、ヨドコウの手でしっかり管理されている建物を一巡し、テラスに出て、まず海に目をやり、ついで町の屋並みを眺め、最

①右手奥に向かって岩山のように盛り上がる全体構成
②夫人のためか、和室もある

後にのぞきこむようにして建物の足許を見て、はじめて訪れた日のことを思い出した。

その存在が建築史家の坂本勝比古氏により確認された頃、旧・山邑家住宅は空家になっていて、門は閉められ、高塀がめぐらされ、見学はおろか、近寄ることもできない。で、当時、建築探偵稼業をスタートさせたばかりの大学院生は、南側の崖をよじ登って建物の足許までは近づいたが、足許をぐるりと回っておしまい。中も印象的な屋上も登ることはできなかった。

崖を登ったせいか、六甲山の岩山が平地に向かって迫り出したその尾根の突端に旧・山邑家住宅はあり、ゴツゴツした岩山から生え出たようなゴツゴツしたデザインであることを思い知らされた。岩が空に向かって盛り上がり、そびえる印象。

③主室。伸びやかな空間こそライトの生命
④壁と天井の入隅に木材が入らないのがライト流のモダンなデザイン
⑤屋上光景

⑤

東京の帝国ホテルや、とりわけ自由学園とはそうとう違う。

よく知られているように、来日以前のライトはプレーリースタイルで鳴らしていた。アメリカの大平原（プレーリー）の光景に合わせ、軒を深く差し出した平べったいスタイルである。自由学園も帝国ホテルも旧・林愛作邸も、水平性強調のスタイルなのに、どうして旧・山邑家住宅は、垂直性を強く意識し、ゴツゴツと盛り上がるような姿になったんだろうか。

この変化について考え、私の到達した結論は、六甲山である。大正期の六甲は、今のように緑には包まれておらず、御影石がゴツゴツと重なる岩山だった。旧・山邑家住宅の周りも岩がむき出していたことは、『新建築』創刊号で分かる。

地形に合わせて、ライトは造形を考えたのである。

旧・山邑家住宅を残して帰国後、ライトはロサンゼルス郊外でゴツゴツと盛り上がる新しいスタイルをスタートさせているが、源は六甲にあった、と私はにらんでいる。

③

④

星薬科大学本館

アントニン・レーモンド

所在地　東京都品川区荏原二―四―四一
竣工　一九二四年
構造　鉄筋コンクリート造・一部鉄骨造
規模　地上三階
建築面積　約二六〇〇㎡
延床面積　約七四〇〇㎡

アントニン・レーモンドは、戦後になってから昔を振り返り、戦前の段階で自分が世界の二〇世紀建築史に先駆けた試みとして、〝打放しコンクリート〟〝斜路〟〝カーテンウォール〟の三つをあげている。もちろん念頭に置いているのは、二〇世紀建築の世界の巨匠ル・コルビュジエとミースの二人で、打放しと斜路はコルビュジエより早く、カーテンウォールについてはミースより早いと主張しているのである。

いったい本当のことだろうか。これはレーモンドの世界的評価に関わる大問題である。

〝カーテンウォール〟については、すでに一九世紀の段階で出現しており、ここではふれない。

〝打放しコンクリート〟は、よく知られているように、フランスのオーギュスト・ペレが先行し、すぐレーモンドが続き、数年遅れてル・コルビュジエが二人の後を追ったことを、私はかつて明らかにしたので、ここではふれない。

今回は〝斜路〟について取り上げよう。打放しやカーテンウォールに比べ一見すると重要でないテーマにも思えるが、空間の動きを気にする二〇世紀建築家にとってはあだやおろそかにはできなかった。なぜなら、空間の上下の動きに深く

①

②

①ライトが在日中に計画した劇場案に似ている
②大きい。立体トラスによるこれだけのドーム空間は初かもしれない
③全体はライト風だが、教室の窓にはモダンな感覚が入っている

③

関わるからだ。

二〇世紀建築以前、やれネオ・バロックだゴシック・リヴァイバルだといった歴史主義建築の時代、上下の動きは階段に頼っていた。その代表がパリのオペラ座で、オペラ座の大階段室を昇ってゆく時、人々は強い昂揚感を覚えずにおかなかった。重力に逆らって印象深い作りの空間を上方へと移動する感動である。

大階段が人々にもたらすこうした建築的感動を、階段に頼らずにもたらしたい——これがル・コルビュジエの願いの一つになる。

彼はこの願いに斜路によって答えようとする。プロジェクトに終わったソヴィエトパレス案では大々的に試みているし、実現した例では、サヴォア邸とか東京の国立西洋美術館とかが知られている。ル・コルビュジエとレーモンドがらみでいうと、ル・コルビュジエのエラズリス邸案を実現したレーモンドの夏の家（一九三三年）がある。

夏の家ではル・コルビュジエの原案に従って印象深く斜路を実現したレーモンドが、〝斜路は自分の発明〟と言い張るのはいかがかと思うが、レーモンドには自分の発明と言い張るだけの根拠があった。それが、今回の星薬科大学校舎なのである。

ひさかたぶりに訪れて一安心。大学によってちゃんとメンテナンスされ、往年の輝きは失っていない。記憶では、

④

斜路は星形の天井の大講堂のためのものだったが、改めて大学の人に伺うとそれは不正確で、大講堂を含めて校舎の全用途は一つ建物のなかに収まっており、斜路は大講堂のみならず大学の全室の上下動線にほかならない。創立期の星薬科は今よりずっとこじんまりした大学だったのである。創立者の星一は、アメリカのコロンビア大学出身で、コロンビアのモニュメントのロウ図書館をモデルにしたとの説もあるが、専門的にはそれはありえない。

まず全体の印象を述べると、フランク・ロイド・ライトから独立した直後のレーモンドの特徴をよく現している。学生時代にプラハで目撃したチェコ・キュビズムと師のライトの混合といえばいいか。

でも二つの点では独自性を出している。一つは鉄骨の立体トラスによる大ドーム。レーモンド以前に立体トラスはやられているかどうか。そしてもう一つが、斜路。

大きな斜路が行ったり来たりしながら上へ上へと昇ってゆく様子は、ちょっと前例を思い付かない。確かに大階段に代わるものとしての大斜路といえるのだが、はたしてル・コルビュジエより早いかどうか。確かめてみよう。

- 星薬科大学、一九二四年竣工
- ル・コルビュジエの斜路第一作のラ・ロッシュ＝ジャンヌレ邸、一九二五年竣工。

レーモンドの方が確かに一年早い。

⑤

④のびやかに伸びる世界最初の斜路
⑤平坦な面に自然石を散らすのも世界初のモダン感覚

東京女子大学礼拝堂

アントニン・レーモンド

所在地　東京都杉並区善福寺二―六―一
竣工　一九三八年
構造　鉄筋コンクリート造
規模　地上二階塔屋付
敷地面積　九万四九一四㎡
建築面積　一一八六㎡（講堂含む）
備考　国指定登録有形文化財（一九九八年）

①

世の建築家や建築史家の建築理解について、不満がある。デザイン、構造、平面、空間、思想に比べ、仕上げへの関心が低すぎる。

人が相手なら「顔色を見る」のに、どうして建築の顔色は無視するんだろう。女性の内臓や血流の様子は、〝お肌〟にてきめんに現れるそうだが、建築だって同じだろう。

二〇世紀の建築について、鉄筋コンクリートの仕上げのことをあれこれ調べてきた。鉄筋コンクリート構造を隠さず、表現としても見せる方法にはどんなやり方があり、いつ誰が発明し誰が発展させたかについて、世界と日本の事情を調べてきた。その結果、次のことが明らかになった。

①仕上げには、モルタル塗り、斫（はつ）り、打放し、ブロックの四つがある。

②ドイツで斫りが工夫され、二〇世紀初頭に全盛している。ドイツはミュンヘンのテオドール・フィッシャーが代表的建築家で、代表作はウルムの兵営付属教会（一九一一年）。

③斫りに続いて打放しが現れ、オーギュスト・ペレにより第一号のランシーの教会（一九二三年）が実現する。しかし、ペレはその後コストが許されると石を張るなどして、それ以上は発展させなかった。

②

③

①ゴシック様式をモダン化した姿をしている
②ペレのル・ランシーに想を得たインテリア
③パイプオルガンのある二階に上る階段

④ランシーの教会の二年後、レーモンドが自邸（一九二五年）でコンクリート表現に取りかかり、外壁では打放した後、数年後にモルタル薄塗り。内壁では斫り、色砂利混合しての斫り、研ぎ出し、を試みている。

⑤レーモンドに七年遅れ、ル・コルビュジエがスイス学生会館（一九三二年）で初のコンクリート表現に取り組み、打放しを試みている。

⑥モルタル塗りの発生がいつかはまだ不明だが、ペレ、レーモンドが先駆者として挙がる。ブロック造についても起源は未詳。

以上のことを念頭に置き、久しぶりに東京女子大のチャペルを訪れた。レーモンドの打放しを見たいと思ったからだ。

レーモンドは自邸以後、戦前の段階でいくつもの打放しを実現しているが、残念ながら壊されてしまい、残る一例も別材料を塗られ、今は一九三八年のチャペルあるのみ。戦前に日本で打放しをやったのはレーモンドしかいないから、実にこのチャペルこそ現存する最古の打放しとなる。その次の現存例の丹下健三の広島ピースセンター（一九五二年）まで戦争をはさんで一四年も跳ぶ。

まず外観から。残念ながら現在は補修のため色モルタルを塗られているが、将来は旧状に戻していただきたい。改修技術が近年つとに進み、打放しに戻すことが容易になっている。

見るべきは外観のデザイン、とりわけ塔の姿で、丸い柱状の林立は、もちろんペレのランシーの教会に想を得ている。担当した杉山雅則さんに、昔、聞いたところによると、「学長のオーガスト・ライシャワーの夫人が強くゴシックの様式を主張し、レーモンドは仕方なく、自分のやりたいモダニズムのデザインより少し古臭いランシーで妥協を図った」。

幸い中は昔のままだから、八〇年近く前の打放しの空間を心ゆくまで味わうことが出来る。

打放しの内部空間には一つ大きな問題があり、どうしても冷たく感じられ、工場や倉庫の印象に近づく。この印象を振り払うため、ランシーでは壁にステンドグラスをはめ込んだブロッ

⑤

④

クを積んでいるが、レーモンドもそれに倣った（現在のステンドグラスは取り替えられている）。

というとすべてランシーが原型みたいに思われるかもしれないが、天井を見上げ、横向きに走る材に注目してほしい。そう、丸柱の上端には梁が架かる。ペレは天井をボールト構造で納めたのに対し、レーモンドは柱・梁構造（ラーメン構造）を採用した。ボールトに比べ、より合理的で耐震性も強いからだった。

詳しく当たっていないが、東京女子大チャペルは、世界でも片手に入るほど早い打放し建築の現存例になると思う。

④現存最古の打放し空間
⑤ル・ランシーに始まるブロックデザインは、レーモンドを経て戦後の丹下や前川へと流れてゆく

三重大学レーモンドホール

アントニン・レーモンド

所在地 三重県津市栗真町屋町一五七七
竣工 一九五一年
構造 木造・鉄板葺　**規模** 地上一階
敷地面積 九一二㎡
建築面積 二八八㎡
延床面積 二三〇㎡
備考 国指定登録有形文化財（二〇〇三年）

レーモンドは大は大学から小は中小住宅まで幅広く手掛けているが、今回の三重大学レーモンドホールは最もシンプルな小品といっていいだろう。木造平屋の上に簡単な切妻屋根をかぶせただけ。

戦後すぐの一九五一年、三重県立大学の図書館としてつくられ、県立大学が国立三重大学に合併後は現在地に移築され、今は国の登録有形文化財に指定され、立派にホールとして活用されている。

三重とレーモンドをつないだのは、図書館建設をリードした県立大の妹尾左知丸（せのおさちまる）教授がレーモンド事務所の岡本剛と旧制高校の同級生だったからだ。岡本は戦後をリードした建築構造技術者の一人で、いくつもの革新的構造を実現している。

久しぶりの初レーモンドに、期待と、シンプル過ぎて語ることもないのではとの不安の二つを胸に出かけると、旧知の三重大建築学の菅原洋一教授が待っていてくれた。菅原先生のような人が学内にいなければ、これほどシンプルな作品の保存活用を学内に説得するのは難しかったに違いない。

まず全体構成から。棟持柱を中央に立てただけの横長の平面を採

①

① 切妻屋根の簡素極まりない全景
② 雨樋の処理は今も昔も建築家泣かせ

り、日本における木造モダニズムの開拓者レーモンドの諸作の中で最も簡単。他の木造なら試みる複雑で魅力的な小屋組構造もなく、水平力に対して棟持柱から登り梁に小さな斜材（方杖）を付けているだけ。なお今は、鉄棒を外部に取り付けて耐震補強している。

主要材は、柱も梁もすべて丸太か丸太の太鼓落とし。こうした丸太材の駆使は、レーモンドが日本の民家に学び、一九三三年の軽井沢《夏の家》で大規模に試み、ここから世界の二〇世紀建築史の中でも日本独特の木造モダニズムがスタートしている。一九三三年に始まる木造モダニズムの戦後スグ版といっていいが、全体をざっと見た後、改めて印象深かったのは二つ。

まず第一は土台と床が当初より鉄筋コンクリートでつくられていること。鉄筋コンクリートの床の上に木の柱が立ち上がることは普通はせず、床下の空間をとってから床板を張るのが日本の木造の定石。日本の木造の弱点の一つが床下から立ち上がる湿気と、床下を通って吹き込む寒気であることを意識して、床はすべてコンクリート化したのだろう。合理的極まりない。

二つ目はガラス窓の納まりで、外側の丸太柱のその外側にガラスの引き戸を通し、柱の列と窓の芯をズラす〝芯ズラシ〟の手法を採用している。その結果、正面は柱なしの全面ガラスの外観が可能になり、かつ引き戸だから戸を引き込むと開口部は床から天井まで、左の壁から右の壁までのオープンが可能になる。側面の二つの壁もガラス引き戸だから、正面だけでなく側面までもの全面オープン。

全面ガラスの全面オープンは、空間の流動性を主旨の一つとして成

②

③

③丸太によるモダニズム木造はレーモンドに始まる

④丸太による軽やかな小屋組に支えられた屋根と全面ガラスの壁。レーモンドによる木造ドミノである

⑤柱とガラス戸の、芯ズラシによる見事な納まり

⑤

④

立した二〇世紀建築にとって理想であった。ル・コルビュジエも近代建築五原則のなかで自由な開口部を掲げ横長連続窓を提案し、ミースもチューゲンハット邸（一九三〇年）ではガラスの〃一見嵌め殺し窓〃を床下に降ろしてオープン化するという手品のような試行をしているが、〃芯ズラシのガラス引き戸〃のほうがよほど純度の高い流動的空間を生むことができる。この方法はもちろん日本の伝統的木造の雨戸からきており、レーモンドは一九三三年の夏の家で取り入れ、原案となったル・コルビュジエの（エラズリス邸案）より巧みに実現してみせた。

丸柱の並びの簡明さ、コンクリートの床の上への立柱、そして全面ガラスの全面オープン、この三つの高い純度からして、ル・コルビュジエが一九一四年に発表した鉄筋コンクリート造の〃ドミノ・システム〃の向こうを張り、レーモンドによる木造モダニズムの〃ドミノ〃と評してもいいだろう。

群馬音楽センター

アントニン・レーモンド

①

所在地　群馬県高崎市高松町二八―二
竣工　一九六一年
構造　鉄筋コンクリート造・不整形折面架板構造
規模　地上二階地下一階
敷地面積　一万三三七四・二一㎡
延床面積　五九三五・七九㎡

レーモンドの高崎の音楽堂（群馬音楽センター）を見たいと思った。戦後、前川國男や丹下健三が大活躍した頃、仕上げの主役は〝打放し〟だったが、その後次第に姿を消し、安藤忠雄の孤軍奮闘状態が長く続く。ここ数年、内藤廣の島根県芸術文化センターの大ホールの内部や、團紀彦の日月潭風景管理処（台湾）のうねる壁が現れ、目玉と脳を久しぶりに刺激され、打放しを見たくなった。どれにしようか考え、高崎の音楽堂にしたのは、レーモンドの打放しは数あれど、一番レーモンドらしいからだ。

レーモンドは、こと打放しについては大きな自信と誇りを持っていた。なぜなら、世界で初めて試みたオーギュスト・ペレの後を継いだのは、ペレの弟子のル・コルビュジエでも誰でもなく、日本のレーモンドに他ならないからだ。

ペレが世界初のル・ランシーの教会（一九二三年）を完成させたわずか三年後一九二六年、東京に、レーモンド自邸が全面打放しの姿を現し（近年の研究により設計は打放しでしたものの、数年して打放した上にモルタルを薄塗りした可能性が生じているが）、それから六年してル・コルビュジエ初のスイス学生会館（一九三二年）が生まれる。私はル・コルビュジエがレーモンドをパクったのだと思う。なぜなら、レーモンドの自邸は、フランスの有名な建築雑誌に紹介されていたからだ。

②

①全体が折板構造だけでつくられている
②すべての視線は舞台中央へと吸い込まれる

ペレは、ランシー以後、打放しに熱心ではなかったから、世界の打放しは、二歩目以後はわがレーモンドがリードしている。戦後、そのレーモンドが、世界の打放しのリーダーとして、誇りをかけて完成させたのがこの音楽堂に他ならない。何度も見ているが、音楽堂の折板構造はいつ見てもすごい。打放しの折板構造はレーモンドが先駆したわけではなく、同時代に何人もが試みているが、音楽堂のすごさは、表現として全面的にムキ出した点にある。

例えば丹下の今治市公会堂は、折板は壁に使われるものの、壁の上部に水平のつなぎ材を通しているので、屋根のつくりがどうなっているかはつなぎ材に隠れて分からない。折板かもしれないし、ふつうの大梁の構造かもしれない。音楽堂は、壁の折板が折り鶴の折り目のようにそのままの形で屋根の折板へと連続する。その結果、つなぎの梁はあるが、正面から見ても側面から見ても斜めから見ても、ただただ折板。これほど純度の高い折板構造は世界にない。コンクリートの構造をどう表現するかに賭けてきたレーモンドにふさわしい成果といえよう。

斜め側面から見た時、壁の折板が地面から少し内倒しに立ち上がっていることと、折板の上端がデコボコ尖っているため、岩山のように見える点に、今回、改めて注目した。岩山のような折板を見て、レーモンドの一つの言葉を思い出したからだ。晩年、レーモンドは、打放しコンクリートとは何かについて〝近代技術による大地である〟と述べている。

打放しとは何かについて述べた建築家を私は知らない。ペレも

③

④

③ノミエ夫人による壁面と床面のデザイン
④コンピューターがない時代には打放しの回り階段は設計も施工も難しかった
⑤岩山のごとき折板構造

ル・コルビュジエも、前川も丹下も、あれほど好んで使いながら、語っていない。

　レーモンドの一言を知った時、さすが先駆者、本質について長い間想いを巡らし、一つの結論に至っていたことに感銘を受けた。

〝打放しは大地〟。

　素晴らしい定義だ。ル・コルビュジエも前川も丹下も、ルイス・カーンも安藤も、なんとなく思ってはいることだろう。安藤の近年の大地の下へと伸びる美術館が打放しなのは、そう考えるとよく分かる。

　この定義が、いつどこで

⑤

レーモンドの脳内に湧いたか調べようもなかったが、完成した高崎の音楽堂の岩山のような立ち姿を、青空と湧く雲をバックに眺めた時ではなかったかと、この文を書きながら思った。

少なくとも設計中ではなかったことは、第一案は折板を地味に使った円筒形のホールだし、第二案は大アーチを構造とするホールだったことからもわかる。いずれも打放しになっているが、三案目に折板に行き着いた時も、流れからして、打放しと大地との関係に思い至るような心理状態ではなかったに違いない。

立教学院聖パウロ礼拝堂

アントニン・レーモンド

このところレーモンドの仕事が再評価されており、永年のレーモンドファンとしてはうれしい。チェコの家の跡まで確かめに行ったし、今はなき名作のレーモンド自邸（一九二四年）や川崎守之助邸（一九三四年）も実物を見ている。

ひさしぶりにレーモンド作品集のページをパラパラめくっていて、〝アレこんなのもあったんダ〟と意外な感をもって目を引かれたのが今回のチャペルなのである。

どこに目を引かれたかというと、使われているアーチの形。教会の形全体がアーチの組み合わせ、正確にいうとボールト（カマボコ形の構造体をさす）の組み合わせからなるのだが、世界と日本のモダニズム建築の歩みに関心のある者には忘れがたい形のアーチなのである。

アーチは、ヨーロッパ建築の生命だった。正円アーチ、尖頭アーチ、上伸アーチなどなどの形が史上に現れてその時代の建築を飾っている。ヨーロッパ建築史上に現れた最もダイナミックな構造であり、かつ目をうばう形であった。だからこそ、二〇世紀建築の開拓者たちはアーチの前で考え込まざるをえなかった。そして、これほど歴史まみ

①

所在地　埼玉県新座市北野一―二―二五
竣工　一九六三年
構造　鉄筋コンクリート造
規模　地上一階
建築面積　五三七・〇九㎡
延床面積　五三七・〇九㎡

②

① 放物線アーチの組み合わせからなる外観
② 打放しの堂内にステンドグラスの光が差し込む

れの形など使うわけにはいかない、と、アーチを捨てて水平と垂直の線の組み合わせに突入したのがグロピウス。ミースも同じ。

ル・コルビュジエはというと、当初、グロピウスと同じだったが、彼のなかの造形力が黙っていない。〝アーチをやれ〟〝もっとアーチを〟と呼ぶ内側からの声につき動かされて造り出したのがソビエトパレスコンペ案（一九三一年）のかの大アーチだった。鉄筋コンクリートの強靱さを生かし、青空高く空を切って駆け上り駆け下りる放物線アーチ。この一度見たら二度と忘れられないアーチは、コンペ案に終わり、実現しなかったことで逆に一粒の地に落ちた麦となった。

イタリア合理主義のリベラが、ブラジルのニーマイヤーが、アメリカのサーリネンが、日本でも丹下健三が（広島ピースセンターのコンペ案など）、計画案のなかで使ったり、実現したりするのはよく知っていたが、やっぱりレーモンドもやっていたのだ。リベラもニーマイヤーもサーリネンも丹下もレーモンドも、グロピウスとミースのバウハウスからではなく、ル・コルビュジエから出発しているが、空駆ける放物線アーチはどうもコルビュジエ派の証明みたいなのである。ル・コルビュジエに魅せられたが最後、一度はこのアーチと取り組まないことには気持ちが落ちつかない、そういう造形。

志木の立教のチャペルは一九六二年の作だから、コルビュジエ派証明アーチとしてはずいぶん遅いが、おそらく、ル・コルビュジエの影響を受けながら、他の若いコルビュジエ派と違いル・コルビュ

③

③ 回廊側から見た姿が一番いい
④ 回廊に屋根から差し込むブロック状の光。東京女子大学礼拝堂以来のブロック好き
⑤ 連続水平窓はル・コルビュジエに始まる

⑤

④

ジエに対抗意識を持つ身（打放しはル・コルビュジエより七年早かった）としては、建築界が〝忘れたころ〟になってようやくやってみようという気になれたのだろう。なかなか複雑な思いのアーチなのである。

で、見に行った。

遠目に見て、アレっと思った。打放しのはずが、補修で何か塗られ、テクスチャーから精彩が喪われている。が、チャペルの側面に取り付く修道院的回廊に入って、中庭越しにみると、さして塗装も気にならず、なかなかいい。アーチが生きている。

チャペルのなかに入ると、コンクリート打放しの肌は昔のままで、その肌に色ガラスからの光が落ちる。打放しの堂内に色ガラスの光、これはル・コルビュジエじゃなくてペレの代表作ランシーの教会が元。レーモンドは打放しをペレに学んで、ル・コルビュジエより早く実現していた。

レーモンドは、このあまり知られていない小品で、自分のデザイン上の二人の先達ともいうべきペレとル・コルビュジエの両方の造形を試みたのである。レーモンドが本当にその下で働いた経験を持つのはフランク・ロイド・ライトにほかならないが、この作品を見るかぎり、ほとんどその影響は感じられない。

Group 2

戦後の日本建築界をおおいに豊かにした建築家たち

栗原邸（旧・鶴巻邸）／本野精吾、一九二九年
宇部市渡辺翁記念会館（旧・宇部市民館）／村野藤吾、一九三七年
橿原神宮前駅中央口駅舎（旧・橿原神宮駅）／大林組設計部＋村野藤吾、一九四〇年
八勝館 御幸の間／堀口捨己、一九五〇年
ウェスティン都ホテル京都 佳水園（旧・都ホテル 佳水園）／村野藤吾、一九五九年
日本二十六聖人記念館／今井兼次、一九六二年
横手興生病院／白井晟一、一九六二年
旧・佐伯邸／村野藤吾、一九六五年
十八親和銀行佐世保本店（旧・親和銀行本店）／白井晟一、一九六七年

モダニズム建築は、一九三〇年前後、バウハウスのグロピウスやル・コルビュジエによって突然、生み出されたわけではなく、ウィーンのセセッション、ドイツ工作連盟、ドイツ表現派、オランダのデ・スティルなどによる二〇年ほどの前段階があった。

こうした前段階の洗礼を浴びた日本の青年建築家たちのうちから、ここでは、本野精吾、村野藤吾、堀口捨己、今井兼次、白井晟一を取り上げる。

歴史主義が大勢を占めていた時代に脱歴史主義に身を投じた彼らには、やがて一つの関門が現れる。疾風怒涛の二〇年の前段階は終わり、脱歴史主義の流れが一点に収束し、鉄とガラスとコンクリートでつくられた白い四角な箱に大ガラスのモダニズム建築が確立し、グロピウスもミースもル・コルビュジエもそこに合流すると、そのモダニズム建築が彼らの関門となった。

関門を通るべきか通らないべきか。本野、村野、今井、白井は通るのを拒んでいる。堀口は通って〝白い箱に大ガラス〟のデザインを受け容れるが、しかし関門の前へと戻るようにして木造の数寄屋造に取り組んでいる。堀口の〝白い箱に大ガラス〟と木造の数寄屋造を較べると、後者の方が絶対的に質が高い。

彼らが〝白い箱に大ガラス〟を拒んだのは、建築と人間の間をつなぐ大事な要素がそこからは蒸発してしまった、と感じ、考えたからだ。白い仕上げにはない素材の深い味わいとか、箱にはない形の面白さとか細部の造形とか。

昭和一九年に没した本野は別にして、もし四人が戦後も活動していなかったら、日本の戦後建築史はどれほど淋しいものになっていたか。

そのことは戦後の建築界をリードした丹下健三もよく知っており、倉敷市庁舎のインテリアの検討をしている時、どの案も気に入らず、自分でもどうしていいか分からなくなり、「村野さんを見てこい」といい、所員たちで見に行ったが、自分たちのやり方とはあまりにちがい参考にはならなかった、という。

白井晟一については、磯崎新が影響を受けている。

村野藤吾、今井兼次、白井晟一などのモダニズム直前の影響を受け、そしてモダニズムの関門を意識して通らなかった一群を、

〝モダニズム前派〟

と名付けるなら、戦後の世界の建築界を見渡しても、彼らが生存できたのは日本だけだし、彼らのおかげで戦後の日本の建築界はおおいに豊かになった。彼らの価値を言葉をもって初めて指摘したのは一九七〇年代初頭の長谷川堯である。

栗原邸

本野精吾

旧・鶴巻邸

①

所在地　京都市山科区御陵大岩一七—二
竣工　一九二九年　**規模**　地上三階
構造　中村鎮式コンクリートブロック造
敷地面積　一九八〇㎡（六〇〇坪）
建築面積　二一一㎡（六四坪）
延床面積　四〇九㎡（一二四坪）
備考　国指定登録有形文化財（二〇一四年）

②

①②玄関。すべて〝小叩き〟による仕上げ
③二階の半円型の中はサンルーム

③

どんな領分にも〝歴史的評価においては恵まれなかった先駆者〟がいる。彼らは多くの場合、テーマにおいてはいいところを突きながら、具体的解法で迷い、後の手本にはならなかった。

そうした人物の一人として、これまで京都の本野精吾について注目し続けてきた。本野の歴史的重要さと魅力を教えてくれたのは建築史家の福田晴虔で、思想的前衛性をもっぱら評価した。例えば、一九三二年の段階で、本野は主張する。「建築の形態が個人の霊感から発生したのは遠い過去のことに属する。科学はついに個人性の表現を芸術の世界から消滅し終えるであろう」。

建築史家としての私が本野の作品で注目したのは、思想より鉄筋コンクリート表現という具体的問題についてだった。二〇世紀を代表する建築構造技術としての鉄筋コンクリートをいかに表現するか。

本野は一九二四年、京都の自邸をコンクリートブロックと打放し（あるいはモルタル塗りか）でつくり、コンクリートだけの建築表現を成し遂げた。その翌年、レーモンドが同じようなコンクリートだけの自邸を東京に完成させている。二作とも、世界の建築界におけるコンクリート表現史上、画期的に早く、コンクリートだけという点では、フランスのペレのランシーの教会（一九二三年）にわずか一年遅れるだけ。

レーモンドが自邸建設にあたりペレの仕事に深く学んだこ

とは担当した杉山雅則から聞いているが、本野はおそらくペレのことは知らず、ドイツ留学中に着目したベーレンスとテオドール・フィッシャーというドイツ工作連盟の中心人物の仕事から刺激を受けてコンクリート表現に挑んだに違いない。ベーレンスもフィッシャーも、全面的にではないが、コンクリートという新しい構造と材料をどう表現するかに挑み、優れた作品を今に残しているからだ。

今回、自邸に続く一九二九年完成のコンクリート全面表現作品の栗原邸（旧・鶴巻邸）を久しぶりに探訪するにあたり、確かめたいことがあった。

ル・コルビュジエが初めておずおずと一部に打放しを試みたスイス学生会館（一九三二年）より三年前のこの家で試みられたコンクリート仕上げにはどんな種類があるのか、正確に調べたことはなかったからだ。

当時、コンクリート表現の先駆者たちの試みは、〝モルタル塗り〟〝小叩き〟〝打放し〟〝ブロック〟の四つがあった。小叩きは〝ビシャン叩き〟ともいい、コンクリート打設後、表面のノロを金槌で叩き、下のモルタルと砂利を露出させる仕上げで、歴史的には打放しに先行し、フィッシャーにより積極的に試みられている。本野が好んだブロックについてのヨーロッパの事情は未詳。

栗原邸がブロックと小叩きを主に使っているのは一目見れば分かるが、窓回りとか軒裏とかはどんなコンクリート表現

④

なのか。かつて、打放しに見えた部分も、本当にそうなのか自信がない。

改めて確かめ、打放しに見えたあたりは小叩きであり、軒裏などはモルタル塗りと判明した。おそらく、自邸の窓回りの打放しに見えるあたりも、モルタル塗りであろう。とすると、本野は、打放しを除くすべてのコンクリート表現を試みていたことになる。

打放しがその後のコンクリート表現の主流になることを知っている建築史家としては、無念というか複雑である。この無念さは、建物の外観にも当てはまり、幾何学化という二〇世紀建築の本流に片足を突っ込みながら、幾何学化の純度においては自邸より後退しているし、室内デザインにおいては、そこここに漂う一時代前のウィーンセセッションやドイツ表現派などへの親和感は、未練たらしく感じられてならない。いっそ、「個人性の表現を」「消滅」してほしかった。

とはいっても、鉄筋コンクリートをどう表現するかについて、一九二〇年代の本野精吾が世界の先端を走っていた事実は消えない。

④客間。モダンなような、そうでないような
⑤北側壁面。すべてコンクリートにより仕上げられている

⑤

宇部市渡辺翁記念会館

村野藤吾

旧・宇部市民館

所在地　山口県宇部市朝日町八―一
竣工　一九三七年
構造　鉄筋コンクリート造
規模　地上三階　**敷地面積**　八九一〇㎡
建築面積　二六二九㎡
延床面積　四五八二㎡
備考　国指定重要文化財（二〇〇五年）

旧・宇部市民館は、村野藤吾という建築家の複雑さを語る。これ以上ないほどよく語ってくれる。

村野は、戦後一貫してモダニズムに背を向け、装飾性やレンガや石の素材感を大切にしたデザイナーとしてあまりに名高いが、最高傑作と称してかまわない旧・宇部市民館を見ると、どうもル・コルビュジエの影響を受けたと覚しき造形が発見される。それもル・コルビュジエの、もし実現していれば最高傑作となったに違いないかのソヴィエトパレス案の影響を。

まず平面を扇形にした点がある。当時、今でもそうだが、こうした大ホールはあれこれ検討すると矩形（長方形）が一番だが、若き村野藤吾としてはそれでは面白くない。ソヴィエトパレスは大小の扇形を向かい合わせているが、その一つに学んだとみて間違いない。次に、旧・市民館の前に立つ六本のコンクリートの独立柱はどうか。イメージ上の原形の一つは、ナチス建築と私はにらんでいるが、加えてもう一つ、ソヴィエトパレスの大ホールの前面の八本の板状柱が影響していると思う。

①

②

もう一つ、旧・宇部市民館の構造の扱いがある。ソヴィエトパレスは、大アーチをはじめとする構造体を外に露出したことで知られ、この大胆不敵な扱いはその後の世界に多大な影響を与え、たとえば菊竹清訓は都城のホールで試みて雨漏りに悩まされたりしている。構造体を外に出すと、構造体と屋根面との接合部での雨漏りは防ぐことはまず不可能。

旧・宇部市民館では、さすがに屋根の上に出すことは差し控えているが、側面に回ってみれば分かるように、柱形と梁形が意識的に強調されて凸起している。

村野がいつル・コルビュジエに関心を持ったか分からないが、渡辺節の事務所で、イヤイヤながらしかしセッセと、アメリカン・ボザールの線を引いている時、ヨーロッパに新興中のモダニズムに目を向けていたことが分かっているし、独立してすぐの一九三〇年、ヨーロッパ見聞に出かけた時にはオランダのデ・スティルを尋ねたり、ワイゼンホーフのジードルングを訪れたりして、ル・コルビュジエの

①端正な外観
②唐突に柱が立つ。しかし、現場で見ると必然的なように見える

③

作品もちゃんと見ている。

　ではル・コルビュジエのどこに学んだのか。やはり、ソヴィエトパレスに最も顕著に現れている構成のダイナミズムだろう。旧・宇部市民館の扇形平面も独立柱も、ダイナミズムを生み出す原動力になっている。

　そう考えると、発言においては敵視したにもかかわらず、村野にとってル・コルビュジエの存在は、実はそうとう大きかったのではないかと疑われてくる。村野は、若き日に、ドイツ表現派に影響を受け、またアメリカン・ボザールを身に付けているが、この二つからでは装飾性やディテールの味わいや流れるような表皮（サーフェイス）を学ぶことはできても、そうした〝芸〟に活力を与える全体構成のダイナミズムは学べない。そうした芸の領分を身に付けながら、しかしそれだけでは満足できず、あるいは二〇世紀のあり方としては行き詰まりを覚え、その突破口としてソヴィエトパレスが役立ったのではないか。

　ソヴィエトパレス案が発表された一九三一年は、村野はちょうど四〇歳で、独立してヨーロッパ見聞に出かけて帰国した年に当たる。

　村野にとってル・コルビュジエとは、一九三〇年代のル・コルビュジエなのである。

⑤

④

③天井のトップライトのデザインは村野ならでは
④光源ムキ出しのモダンな照明をこの頃の村野は好んだ
⑤ホールの柱の柱頭部はリング状に色付けされている。意表を突くが見事である

そして、戦後、一九四八年に広島平和記念聖堂コンペが開かれ、村野は審査委員（実質的には委員長）をつとめる。応募したのは前川、丹下といった戦後をリードすることになるコルビュジエ派の面々。結局、教会側の意向と村野の反対で、一等になるべき丹下案は二等に落とされ、当選作なしの結末。そのとき、コルビュジエ派の案について村野は次のようにいった。

「いつまでもル・コルビュジエの建築の構想から図面の仕上げの末端に至るまでつきまとって居るのには驚きもするが……いい加減捨象されていいのではないかと云ってみたくなる」

村野にとってル・コルビュジエは過去の、戦前の人だった。まさか、戦後の日本の建築界をル・コルビュジエの影がおおいつくすようになろうとは、一九四八年の段階では思ってもみなかったのである。

橿原神宮前駅中央口駅舎

大林組設計部＋村野藤吾

旧・橿原神宮駅

計画 大阪電気軌道（現・近畿日本鉄道）改良課
所在地 奈良県橿原市久米町六一八
竣工 一九四〇年
構造 木造
規模 地上二階
建築面積 二八八七・四㎡（竣工時）
※貴賓室および特別待合室（現・会議室）は一般公開されておりません

日本の建築家たちは、一度、崖っぷちまで追い詰められた経験を持つ。第二次大戦中の三年ほどの間、仕事がなくなってしまったのである。建てられるのは軍需工場ばかりで、たとえば前川國男は登戸の地下軍需工場の建設で食いつないでいるし、村野藤吾にいたってはそれすら〝お前のような芸術的な者にやる仕事なぞない〟と拒否され、くやしい思いをした、と語ってくれた。仕方なく、家の近くの田んぼを借りて耕し、文字通りに食いつないでいる。

建築家としては死んでしまうそうした数年の直前、かろうじて仕事があった時期の村野の建築を今回は紹介したい。

①

① 奈良の民家の屋根とモダンな列柱の巧みな組み合わせ

当時の言い方によれば「まだ建築は死んでいない」ことを示すことが表現上のテーマだった時期、村野はどんな工夫と表現によってまだ建築は生きていることを示したんだろうか。

一九四〇年竣工の近鉄橿原神宮前駅である。

神武天皇即位建国二千六百年記念（一九四〇年）の祭典が催され、この前後、全国各地よりにわかに信じられないほどの数の国民が奉仕活動や参拝にこの地を訪れ、そうした人々を運ぶため、近鉄は新駅を村野に託した。

見てみよう。

まず目に入るのは大きな切妻屋根。この地の大和棟の形とも伊勢に通じるともいえるが、どちらにせよ茅葺をスレート葺に翻案するという離れ業を演じる。ふつう異なった材料に形だけを移すとプロポーションとか切妻のケラバとかで破綻をきたすが、さすが。処女作の大丸舎監の家でアムステルダム派の茅葺をスレートに移し替えること

②

③

に成功しており、自信はあったに違いない。

そして、そうした大屋根を下で支えるのは真っ白な列柱。大和棟の民家とも伊勢とも無縁な純白の円柱をもってくるなんて意表を突かれるが、なぜか屋根とは矛盾していない。ギリシャ神殿の列柱に想を得ているとすれば、村野ならやりかねない大胆不敵。あるいはモダニズムの円柱か。伊勢の素木の円柱とも共鳴するし、村野としてはどっちともとれるあたりを意識的にねらったのだろう。

なかに入ると、改札ホールの壁や天井の随所に大正期好みのこじんまりした装飾的デザインが散りばめられているのが分かる。大正期に建築家としてデビューし、当時のウィーンセセッションやアムステルダム派（オランダ表現派）に影響を受けてスタートしたことが分かる。

⑤

④

今回初めて貴賓室と特別待合室（現・会議室）に入れてもらい、サスガの想いを新たにした。まず意外だったのは古墳時代の埴輪や銅鐸に由来するレリーフが壁に刻まれている。まさか、村野の作品で目にしようとは。神武天皇という存在が古墳時代に出現したと伝えるからだろうが、私は戦後早い時期の丹下が古墳時代の造形に想を得てボリュームを決めたりしたことを知っているから、もしかしたら一九四〇年の頃に丹下も古墳時代の造形にすでに目ざめていたのかもしれない。

貴賓室と特別待合室の天井には昭和初期のモダニズムのデザイナーたちが好んだ直線と円弧の組み合わせのデザインがほどこされている。

外を眺め、内を巡り、神社や民家をはじめ大正期から昭和初期にかけてのずいぶんいろんなデザインソースを取捨選択して取り込み、破綻なくまとめたものと村野の腕にいつものように感服し、そこで思考を止めたのだが、案内してくれた人が発した

「これ木造です」

の一言に思考は再起動。

まさか、丸柱は鉄筋コンクリートだし、改札ホールには白く塗られた鉄骨が架かり、リベットだって付いてたじゃないか。でも、実に、丸柱も鉄骨もリベットもすべて木造の上に左官がコテでつくったもの。ラスモルタルなのだ。そう思ってみると、鉄骨もリベットもヘンではある。村野は天上で哄笑しているだろう。

〝ケンチクタンテイ　ヤブレタリ〟。

②この梁が木造なんて⁉ 照明は竣工時と同じ
③鉄骨を接合するリベットに想を得た装飾が漆喰で造形されている
④モダンな空間に埴輪のレリーフ
⑤照明は後補

八勝館 御幸の間

堀口捨己

所在地 愛知県名古屋市昭和区広路町字石坂二九
竣工 一九五〇年
構造 木造
規模 地上一階
構成 広間（一六畳）＋次の間（一〇畳）＋入側縁の座敷
敷地面積 一万㎡
備考 国指定重要文化財（二〇二〇年）

堀口捨己は、名古屋を代表する料亭として名をとどろかす八勝館から〝御幸（みゆき）の間（ま）〟の設計依頼があった時、小躍りしてよろこんだのではないかと建築史家は想像する。〝御幸の間〟とは、天皇を迎えるための部屋をさす。若き日の堀口こそ、デザイナーの目で桂離宮と取り組み、学び、そのエッセンスを自分の設計に生かすことでデビューしているからだ。

結論から先にいってしまうと、敗戦後日も浅い一九五〇年につくられた八勝館御幸の間は、堀口捨己の桂離宮だった。

具体的証拠もある。たとえば、広間の南側の土壁にあく三連の丸い下地窓は、よく知られているように、桂の松琴亭に由来するし、また東側の庭に面して張り出す月見台も元は桂の月見台に違いない。台の板張りの先の方が竹簀（たけす）の子（こ）になっているが、こうしたつくりの月見台は桂以外に例はない。

丸窓と竹簀の子は、堀口が桂に献げたオマージュだった。堀口は大正から戦後に至る、日本におけるモダニズムの歩みと綺麗に重なる建築家人生において、いくつもの名作といくつかの名作とはいいがたい作を残しているが、名作は、それも時代の標石となるような名作は、きまって丸窓か竹簀の子を使っている。たとえば、出世作の紫烟荘（一九二六年）では丸窓を、桂とバウハウスの通底性を実証してみせた岡田邸（一

①

① 桂離宮のように腰が高い
② 床の間。床柱の〝弱さ〟に注目

②

九三三年）では竹簀の子を、戦後最高の茶室となる磵居（一九六五年）では竹簀の子を、それぞれ印象深く使っている。

丸窓と竹簀の子の二つを印象深く使っているのは八勝館御幸の間だけだが（岡田邸にも丸窓はあるがついで的使用）、堀口がこの建物に賭けた心意気のほどがしのばれよう。

実際、見事な出来である。

数寄屋建築の見方に従って見てみよう。数寄屋は、書院造りとも茶室とも見方が違う。書院造りは、二条城で知られるように、貴人の座す床の間方向のみを見るようにつくられている。庭は、室内から眺めるのは主旨ではなく、広大な庭の中を歩いて楽しむ。茶室はというと、閉じた室内に内向して、床、壁、天井をぐるりと把まえる。空間として把まえる。外を意識してはならない。数寄屋はまず床の間方向に視線を向け、次いで視線を回して庭方向を眺める。内と外を別々に眺め、脳のなかで内外を一つのイメージにまとめるのである。その意味ではずいぶん高度な見方を求める建物だといわねばならない。

まず、室内の正面である床の間を見よう。定型化を宿命とする床の間としては、ずいぶん変わったつくりだ。ふつう床柱の立つ位置で一段上がって床の間となるが、床柱より畳一枚分前に框が置かれ、そこからが床の間となる。こんなのは初めてだ。こうすることでどんな視覚的効果が現れるかというと、部屋の正面突き当たりにコロッと床の間が取りつく印象が薄くなり、部屋と床の間の中間に畳一枚分の、部屋と床の間をつなぐ空間

③

④

③主室の隣に次の間が設けられ、その襖
④桂離宮に由来する三連の丸窓を二カ所に取り込んでいる
⑤堀口はこれがやりたかった。内から外へと空間をつなぐための竹簀の子。独立性が利く

が生まれる。逆にいうと、床の間がコロッと独立的に存在する時の、床の間の記念碑性は薄まる。この床の間は、堀口が若き日に出会ったオランダのデ・スティル派の〝構成〟そのままといっていいだろう。

　床の間の記念碑を象徴する床柱の扱いを見ると、このことはよりはっきりする。床柱というのに、太さといい形といい立つ位置といいほとんど他の柱と変わらないのだ。

　次いで、視線をグルリと回し、室内から庭を眺めてみよう。室内と庭との間には、三段構えのつなぎの空間が設けられている。最初は障子の先の畳敷の入側（いりがわ）、その先に月

⑤

見台が広がるのだが、二段階に小分けされ、まず板の簀の子、そして竹簀の子、その先に庭が広がる。

部屋に座して奥を見ると、奥の床の間との間に一段、外の庭との間に三段。しめて四段階もつなぎの空間が設けられたことになる。もちろんつなぎの空間は、空間の流動化、連続化をうながす。

堀口の生涯かけてのテーマとは、空間の開放化だったことが分かる。内から奥に向け、内から外に向け、風の吹き抜けるような建築を夢見ていた。それも、能舞台のように精神的に固い風ではなく、雅の香りを含んだ風が吹き渡るように。

ウェスティン都ホテル京都 佳水園

村野藤吾

旧・都ホテル 佳水園

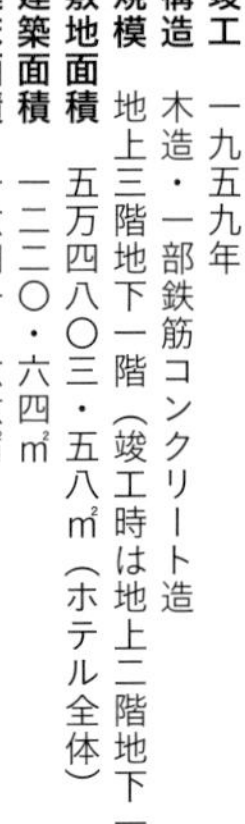

所在地　京都市東山区粟田口華頂町一（三条けあげ）
竣工　一九五九年
構造　木造・一部鉄筋コンクリート造
規模　地上三階地下一階（竣工時は地上二階地下一階）
敷地面積　五万四八〇三・五八㎡（ホテル全体）
建築面積　一二二〇・六四㎡
延床面積　一六四一・六六㎡

連載当時、このシリーズの〆を何で飾ろうかと思案しているとき、和風建築を取り上げていないことに気づいた。といっても伝統的な和風ではなく、近代化に目覚めた建築家の手掛けた和風である。

藤井厚二から堀口捨己、吉田五十八を経て現代建築家まで作例は多いが、心に浸みた作を一つだけ教えてくれと問われたら躊躇なく、〝村野藤吾の佳水園〟と答える。京都の都ホテルの〝離れ〟として今から六〇年以上前の一九五九年に完成している。

この建築の勘所は庭との関係にあると、若いころ初めて訪れた時

にそう思った。建築にはじまり中庭を経て〝崖庭〟へと続く関係があまりに素晴らしかったからだ。

その時は、崖状の庭が村野の作と思ったが、後で小川白楊と知る。伝統的日本庭園の近代化を果たした小川治兵衛の息子にして、繊細な人柄と早逝でその筋に語り伝えられている。

もともとこの場所には一八九〇年に開業の遊園《吉水園（よしみず）》があり、そこに一九二六年、白楊がつくった庭だった。

痩せ尾根の岩を削って平坦にし、そこに水を流し落とし、周囲に小松と植物を植えているが、そのつくりといいスケールといい私の目には近代化した〝山水画〟のように映り、好ましく思った。

①白砂と芝の庭
②雨樋なしで雨水は犬走りに落ちる

②

①

③

③桂離宮をしのばせる
④崖の上に位置する和室
⑤中庭の周りには、内のような外のようなこうした空間が廻る

この生きた立体山水画をもっと美しく鑑賞すべく、村野は佳水園のデザインを発想し、設計に当たってはそれまで培ってきた和風建築の手練手管を繰り出した。

たとえば屋根と軒。傾斜がこれほど緩く、にもかかわらず軒が長く差し出す屋根を私は知らない。ふつう軒をここまで出すときは、軒裏をつくってそこに別材を入れて裏支えするが、そうすると屋根の傾斜が強くなり屋根を薄く見せることが出来ない。村野は、棰木を極限まで細くすることで薄く深い軒の出を可能にしているが、この〝極限まで〟は長い長い試行錯誤のたまもの。

もう一つ、雨樋についても注目してほしい。軒先の美しさを損なう軒樋を取り付けないために、村野は軒裏に樋を隠すよう

④

⑤

な工夫をしてきたが、そうすると軒が厚くなる。そこで、中庭に落ちる雨を途中の雨樋で反対側に回して雨量を半減したうえで、軒先からの雨垂れが犬走りの中に落ちて飛び散らないように工夫している。

こうしたマジックに通ずる工夫により、雨の日には適度な雨垂れの向こうに庭を眺める楽しみが可能になる。子どもの頃、茅葺きの茅の端から雨垂れが点々と滴るのを眺めて飽きなかったが、雨垂れが空中に描く〝御簾越し〟の立体山水画をいつか見てみたい。

中庭は芝を使った心字形池状の庭として設計されているが、白楊の立体山水に刺激され、白楊へのオマージュとして〝枯山水の池〟をデザインしたのだろう。ただし、本来なら池を心字状につくるところを、芝の盛り上がりを心字形とし、周囲の池を枯山水式の白砂とするという二重の反転を繰り出して。

心字形枯山水を三方から囲む回廊は、柱の配置といい各部材のプロポーションといい廂のつくりといい、至高の域にある。回廊の内側にある部屋（客室）より建築としての出来はずっと上。

村野がここぞとばかりに力を込めてつくったのは、回廊に始まり、軒を経て中庭に伸び、そして立体山水にいたる内と外の一体化した空間だったに違いない。

内と外の連続的空間こそ、日本の伝統的建築が世界の二〇世紀建築成立に与えた最良の贈り物であった。このことを村野世代の建築家は皆よく知っていた。

日本二十六聖人記念館

今井兼次

所在地 長崎県長崎市西坂町七―八
竣工 一九六二年
構造 鉄筋コンクリート造
敷地面積 七四四九㎡
建築面積 三五九㎡（神父館［聖堂］）、五一四㎡（資料館［記念館］）
延床面積 九一二㎡（神父館［聖堂］）、一一六〇㎡（資料館［記念館］）

今井兼次が一九六二年にこの聖堂を完成させた時、建築界の人は、そのあまりにガウディ色の濃いことに驚いた。今井が世界的に見てもごく早い時期からガウディに関心を持ち研究していたことは知られていたが、ここまで影響を受けようとは。

出現したのは一九六二年。戦後の復興が終わりちょうど高度成長期に差し掛かったばかり、海外旅行など思いもよらぬ頃で、市民の間でガウディはまったく知られていなかったからいいようなものの、今なら〝何でガウディなのか〟をめぐってあれこれかしましくなったろう。

①

① 聖堂のガウディ風の双塔
② 右に聖堂。左に記念館

それにしてもどうしてガウディだったのか。現在の目で眺めるべく、訪れた。

駅の周りには高いビルが立ち、かつてのように丘の上にスックと立つ姿が遠望できないのは残念だが、曲がりくねった坂道を上り小さな公園に出ると、左手に記念館が右手にガウディ風の塔を持つ印象深い聖堂が見えてくる。

久しぶりに訪れて、気付いたことがある。かつては、ガウディとの類似性ばかり目に飛び込んできたが、改めて眺めると、非ガウディ色もけっこう強い。

けっこうどころか、そうとう強い。聖堂の上の方半分を見るとガウディだらけだが、下半分を小公園の方から見上げてみよう。どこにガウディがある。縦のルーバーがずらりと並ぶのはル・コルビュジエのラ・ツーレットの修道院（一九六〇年）だし、四角な枠の中に鐘を吊る現代彫刻のような〝鐘楼〟もそう。側面にはル・コルビュジエのロンシャンの教会（一九五四年）の例の四角な穴のような窓もある。

ル・コルビュジエが生涯に実現した二つのキリスト教施設から存分に引用している。

私がこの度訪れようと思った直接の理由は聖堂のインテリアで、打放しコンクリートになっていた。竣工時の写真で見ると、打放しコンクリートの洞穴といった感じで、そこを見たかったのだが、残念ながら改修され、白く塗られていた。もし打放しがそのままだったら、もっと強くル・コルビュジエを感じただろう。

日本二十六聖人記念館はル・コルビュジエの上にガウディを重ねたも

②

の、というのが現在の目からの正確な判断となる。ル・コルビュジエの建築本体の上にガウディの屋根をかけた、といってもいいだろう。

そういう視点で改めて建築を眺めてみた。内部の打放しが消えたことはかえすがえす残念だけれど、ル・コルビュジエとガウディは意外としっくりいってるではないか。木に竹を継いだような違和感はない。

ふつう、二〇世紀建築のなかではル・コルビュジエやミースのようなモダニズム主流派と最も対称的なのがガウディと見なされている。正反対な造形的本質と思われている。実際、両者の実物の前に立つと印象は正反対というしかない。

③

④

なのにどうして、長崎駅前の丘の上では、ル・コルビュジエの上にガウディが乗って変でないんだろう。

コルの造形とガウディの造形のバックボーンが似ていた、という事情がまずあるだろう。若き日のコルはギリシャ神殿にうたれて建築家の道を選んでいるし、ガウディが最も敬意を払っていたのもギリシャ神殿だった。二人とも、陽光に輝く地中海の石の建築文化を美意識のベースにしていた。長崎の海を間近に望む丘に立つ日本二十六聖人記念館は、夏の強い日射しの下では、たしかに地中海的である。

⑤

そういう造形的無意識の共通性だけでなく、やはり打放しコンクリートが利いているのではないか。〝打放しとは現代建築による大地の表現である〟というレーモンドの視点に立って考えると、スペインの大地に深くインスピレーションを得ていたガウディの造形は、大地という地下通路を経てル・コルビュジエへとつながっていた。

おそらく、今井兼次は、そのことを見抜いていた世界でただ一人の建築家だったのではあるまいか。

③ガウディに学び、こうした陶製の壁画を今井は好んだ
④村野藤吾と共通するプレ・モダニズムのデザイン
⑤かつては打放しコンクリート仕上げだった聖堂内

横手興生病院

白井晟一

所在地　秋田県横手市根岸町八―二二
第一病棟
竣工　一九六二年
構造　鉄筋コンクリート造
規模　地上二階
給食棟
竣工　一九六五年
構造　鉄筋コンクリート造
規模　地上三階
管理棟
竣工　一九七一年
構造　鉄筋コンクリート造
規模　地上三階
敷地面積　四五〇八・六二㎡
延床面積　六一六一・一二㎡
※前記三棟が横手興生病院における白井晟一の作品。棟名は取材当時（二〇〇六年）の呼称。延床面積は他の病棟を含む病院全体の面積。二〇〇八年解体

戦後の建築史の中で、謎の人物といえるのは白井晟一くらいだろう。

生涯の経歴も人物像も謎めいていたが、それは白井自らが世間に向けて演じた姿に過ぎないから問題にする必要はない。本名は白井成一で、京都高等工芸学校（現・京都工芸繊維大学）の意匠科を一九二八年に卒業している。建築ではなくてグラフィックデザインが専門で、卒業制作はオーケストラ公演のポスターだった。

本当の謎は、謎の一つは、白井の使うデザインヴォキャブラリーの特異性にある。世に主流とズレた設計をする異端的建築家はいるが、そのヴォキャブラリーはたいてい日本の伝統とかヨーロッパの古い建物とか民家に起源を持つから見え見えなのに、白井の場合、おいそれとは見当もつかないのだ。

例えば、今回の病院を見ていただきたい。印象を決めているのは壁にあいた小さな丸い穴だが、どこから来た

①

①入口正面がドアではなく壁。同じやり方を安藤忠雄も住吉の長屋で試みている。二人とも壁に建築の本質を感取していた
②給食棟。一階は厨房、二階は食堂になっている。丸い穴はアルミ製のブロック

形なのか。白井が自分でゼロから考えた可能性もないではないが、この安定性、この完成度からして、何か歴史をさかのぼったところに源があるように思われてならない。

こんなに大量に穴をあけた例はこれだけだが、少数の例としては、名作として知られる松井田町役場とか親和銀行銀座支店とかがある。勘所にポイントとして数個並べている。

もっと大きい丸窓はふつうに使われているが、この小さな穴では窓としては使えない。通風を考えた日除けのルーバーならあり得るが、その場合、丸にするかどうか。ふつうなら四角な穴にするだろう。丸い窓ばかりビッシリ並べたもんだから、この病院が出来た頃、周囲の子どもたちは、「お化け蜂の巣」といって怖がったという。小さな丸い穴は建築ではほとんど使われることはない。

この異例な丸い穴の源を私は知っている。私だけが知っているのかもしれない。なぜなら白井晟一の最初の名作歓帰荘（一九三七年）を見ているからだ。出来てしばらくして使われなくなり、私が〝発見〟してしばらくして敷地から消えたから、ごく少数の関係者しか知らない幻の名作である。

ステンドグラスがはめられていて、そのガラスの割付けは小さな丸の並びだった。そして、丸の並びがとて

②

も印象深く、一目見た時に、戦後の白井建築の謎の丸い小穴の原型と分かった。小さな丸が並ぶステンドグラスのさらに元をたどると、ローマ時代の教会のガラスに行き着く。クラウンガラス（王冠ガラス）という丸い小さなガラスである。

古い古い時代に起源を持つガラスの造形を、建築の壁に持ち込んで穴として使い、さらにそれをこの建物で全面展開したのである。その意味では白井の一つのピークといえよう。

横手興生病院でもう一つ興味深かったのは、壁の上端や、張り出した床の下端の納まりで、直角に切らず、カーブさせている。隅が丸味を帯びているのである。

そうすると当然のように雨仕舞が悪くなり、上端ではパラペットの雨はそのまま壁に伝ってくるし、出っ張り部の下端では、壁を流れる雨が切れずに上げ裏へと伝ってくる。で、結局、後に改修されているが、隅部に丸味を付ける納まりはまだ随所に生きている。

白井作品はこれまでいくつも訪れているが、〝隅丸〟の一件についてはっきり意識したのは今回がはじめてだった。

雨仕舞については最悪のつくりに白井はどうしてこだわったんだろうか。どうして直角ではだめだったのか。一つの仮説が思い浮かんだ。〝土の建築〟が念頭にあった可能性はないか。ふつう白井の建築はロマネスク様式と関係づけられ、〝石の建築〟が造形の元になっていると思われているが、石とは別にもう一つ上があったんじゃあるまいか。土の建築は雨には弱い。

③

③中庭側の見上げ
④裏側も白井好みの縦長の窓
⑤管理棟。二階部分が出っ張ってぐるりと回る。出っ張りの上端は改修されている

④

⑤

旧・佐伯邸

村野藤吾

所在地　奈良県奈良市登美ケ丘二—一—四
（松伯美術館敷地内）
竣工　一九六五年
構造　木造・瓦葺一部銅板葺
規模　地上二階
敷地面積　一万〇九六八・八三㎡
延床面積　五七四㎡

※松伯美術館：上村松篁・淳之両画伯からの作品の寄贈と近畿日本鉄道㈱からの基金出捐により、一九九四年三月に開館した美術館（設計：村野・森建築事務所）。上村松園・松篁・淳之三代にわたる作品、草稿、写生等、美術資料の収集と保管、展示を行い、三代の画業を紹介している。旧・佐伯邸は非公開。

①

②

①変化に富む屋根
②瓦屋根は薄く、茅葺き屋根は厚く
③軒下に回廊を設け、それがメインのアプローチとなる

③

村野藤吾の和風住宅を見るチャンスはほとんどない。大作の出光邸が消えた今となっては、奈良のあやめ池の畔の旧・佐伯邸があるばかり。現在は、近代の日本画壇に大きな足跡を残す上村松園・松篁・淳之の親子三代の画業を展示する松伯美術館が管理し、非公開だが取材に応じてくれるというので出掛けてきた。

松伯美術館も村野の手になり、二つの村野建築が並んでいるのは珍しい。二つの村野建築が池の畔の松林と竹林の中に建つ風情はここでしか味わえない。

まず外観をざっと眺める。低い塀の向こうに凹凸する屋根しか見えないのに、あきない。こんな体験は珍しい。

例えば、銅板で葺かれた寄棟屋根がむくって、その頂部にフタのようにして急傾斜の切妻の小屋根（置き棟とでもいうべきか）が載り、そこだけは瓦で葺かれている。たおやかに盛り上がる軽い形を、硬い存在がてっぺんでギュッと締め、柔らかさも張りもある全体となっている。奈良地方の茅葺き民家に固有の〝大和棟〟に想を得た村野独特の屋根。

こうした屋根が幾重も波頭のように続く先に、ボコッと島のように茅葺きが顔を出す。小ささといい、小さい割に分厚さといい、下には茶室が納まっているに違いない。

海のように広がる屋根から、松島や瀬戸内の名所の光景が思い浮かんでくる。村野は、屋根を和風住宅の外観の見所と考えていた。和風の名手でもあった大江宏は、和風のプランは上に架ける屋根と一緒に考えないと失敗するし、上手下手は〝屋根伏せ〟を見れば分かる、と述べていたが、村野も同じだった。

それにしても、これだけ小刻みに凹凸しながら広がる屋根の下にはどんな平面が納まっているんだろうか。期待は高まる。

門をくぐり、中に入ると、すぐ回廊が現れる。回廊といっても庇の下のたたきの上を歩くのだが、今こう書きながら考えてみると、軒の庇の下を主要な動線を処理する回廊として使ったのは、この建築が初めてではないか。寺院の回廊は独立しているし、軒の下を歩く場合も、ついでの移動に限られる。

この軒下回廊の印象は、私にはショックに近く、ひとま

④

ず、カクカクと折れながら先に進む。和風に固有の雁行プラン故だが、このカクカク感を強調するのが左手の庭側に建つ軒先を支える細い柱で、雁行プランに沿って見えつ隠れつ、重なったり現れたりしながら続く。このリズム感、どこかで味わった覚えがある。

加えて軒下回廊の背丈の低さはどうだ。村野は和風の勘所は玄関の軒高で、威張ってるみたいで下品になる、ちょっとでも余分に高くすると、と述べていたが、この回廊ではどこまで低くできるか試したに違いない。低くするだけでなく、軽く見せるため材を限界まで細くし、軒を支える材のアクロバティックなまでの組み方を披露してくれる。

回廊の終わりまで来て、どこで味わったかを思い出した。アルハンブラの回廊。

スペインのイスラム建築の石の回廊と、日本の数寄屋造の木の回廊。

屋根と庇のことばかり続けてきたが、最後に一つ、桂離宮にも想を得ていることが分かった。池側のプランもその外観も、腰高の縁といい、木材のタテヨコの構成といい、それと分かるように桂を写している。

旧・佐伯邸を全体として眺めるなら、桂の建物と庭と庭に散る茶屋（茶室）を、一つに縮めて納めた建築といえるだろう。村野の桂へのオマージュだった。ただし門構には桂は感じられないが。

④残月亭の床の間の変形を試みている
⑤旧食堂。今は会議用

⑤

十八親和銀行佐世保本店

白井晟一

旧・親和銀行本店

所在地 長崎県佐世保市島瀬町一〇―一二
第一次増改築
竣工 一九六七年
構造 鉄筋コンクリート造
規模 地上四階地下一階
床面積 四一〇一・二㎡
第二次増改築
竣工 一九七〇年
構造 鉄筋コンクリート造
規模 地上六階塔屋二階
床面積 三八〇一・一㎡
懐霄館（第三次増改築コンピュータ棟）
竣工 一九七五年
構造 鉄骨鉄筋コンクリート造
規模 地上一一階地下一階
延床面積 八八三七・八㎡

もちろん白井晟一の代表作に違いない。戦前、一九三七年に伊豆長岡の歓帰荘によって日本の建築界に孤独なデビューを果たした建築家が、戦中、戦後復興期、そして高度成長期を経て、集大成のようにしてつくったのが旧・親和銀行本店だった。

一九六七年、この一風変わった建築が姿を現した時、建築界は久しぶりに騒然とした。理由はまことに簡単で、戦後をリードしてきたモダニズム建築の原理とあまりに異質でありながら、しかし、しかし、見る人の心にグイと入り込む力を秘めていたからだ。ある日突然、見知らぬ物体が心の中にゴロンと投げ込まれた、そんな驚きととまどい。建築界が騒然となったのは、今にして思うと、免疫のない体に新型ウイルスが入り込んだ由の発熱現象だった。

以後、様々な言及がなされ、私たち〝野武士世代〟に具体的影響を与え、そして今に至る。かくいう私も、建築学科に進んですぐ発熱し、建築探偵したのは白井の戦後復興期の作品群だったし、戦前の名作・歓帰荘や戦後の代表住宅・呉羽の舎といった普通は見ることのできない作品も訪れてきた。でも、ある時からこれ以上近づくまいと思い、幸か不幸か旧・親和銀行本店は、外を見ただけで通り過ぎた。

白井の存在を知ってから長いし、建築史家として、さらに途中からは設計者として考え続けてきたが、もういいだろうと思い、この度、銀行の中まで入った。

いいたいこと語りたいこと伝えたいことは山ほどあるが、物と技術と形の三つの言葉を使って分析してみようと思う。やっと冷静に分析可能な段階に至ったのである。

まず物から。この銀行の衝撃の一発目は、石の使い方だった。当時、日本の建築家がほとんど知らなかったトラバーチン大理石を、二層以上のファサード全面に、それもぶ厚く使ってみせた。一層目の御影石も、厚く粗い。全体の形もいかにも石のカタマリのごとく

①

②

①一度見たら二度と忘れられない壁と穴の造形
②増築棟の展望室の大梁（?）。縦目地に注目

して、そこに石という物があることを、いってしまえば石の存在を明示してみせたのである。白井以前、木にせよ石にせよ土にせよ、物の存在論を表現した建築家はいなかった。以後もいない。

技術をとばし、次は形について。入口の右手に御影石の段々が付いている。竣工時から話題になっているが、階段としては狭過ぎるし、第一、上がっていっても行き止まりのトマソン状態。何のためにこんなことをしたかというと、それはこの石の壁を正面から眺めると分かるが、目地割りの線を白井好みに合わせるために違いない。好みのパターンに石の存在を合わせる。

こうしたやり方は、至るところに露見し、例えば室内のトラバーチンの扱いを見ると、外壁ではトラバーチンの目を水平にして置いたのに、室内では縦にしている。トラバーチンはサンゴ虫の堆積石だから目は水平が自然の摂理なのに、そして世界中どこでも水平が定石なのに、どうして室内では縦なのか。石と石の目地を床から天井まで、縦一本線で通したかったのだ。縦目地一本の形を壁面に与えたかった。

存在論としての物。その一方で、物の自然な摂理をねじ伏せる形。ここには明らかに矛盾がある。

この物と形の矛盾が頂点に達するのは、増築した棟の展望室である。大きな木の梁が架かるが、右手は石の壁の上

③

④

⑤

③かつての営業室。梁と壁の接合部の納まりに注目
④階段室。手すりは継ぎ目なし。よく加工し施工した
⑤継ぎ目のない壁

に乗っているのに、左手へと目で追っていくと、その大梁を支える壁も柱も何もなく、空中を飛んだままガラス面の前で止まっておしまい。おまけに梁の途中には垂直に目地がとってある。見かけの上では梁が切れてしまっている。実は、上部の鉄骨から吊り下げた木の大梁状のハリボテなのである。

物の存在は、技術を通してはじめて形を得ることができる。建築において物と形をつなぐのは技術に違いないが、白井の建築はその技術が欠落している。正しくは技術への感覚が欠落しているのだ。

グラフィックデザイナーとして出発した白井ならではの欠落だが、でも、今から振り返ると、この欠落のおかげで、白井の建築表現はポストモダニズムの先駆けとなり、そこにアバンギャルドな連中はすっかりしてやられた、と今にして思う。

Group 3

造形性、力動性と民族性、記念碑性を接合させたコルビュジエ派の建築家たち

木村産業研究所／前川國男、一九三二年
藤村記念堂／谷口吉郎、一九四七年
神奈川県立音楽堂／前川國男、一九五四年
三里塚教会／吉村順三、一九五四年
秩父太平洋セメント秩父工場（旧・秩父セメント第2工場）／谷口吉郎＋日建設計工務、一九五六年
NTT中央研修センタ講堂（旧・中央電気通信学園講堂）／内田祥哉、一九五六年
香川県庁舎／丹下健三、一九五八年
与那原カトリック教会（旧・聖クララ教会）／片岡 献＋SOM、一九五八年
日土小学校／松村正恒、一九五八年
内之浦宇宙空間観測所（旧・東京大学鹿児島宇宙空間観測所）／池辺 陽、一九六二年
カトリック桂教会／ジョージ・ナカシマ、一九六五年
大学セミナー・ハウス本館／吉阪隆正＋早稲田大学建築学科U研究室、一九六五年
香川県立五色台少年自然センター研修棟（旧・五色台山の家）／浅田 孝＋環境開発センター、氏家隆正、加川 浩ほか、一九六五年
愛知県立芸術大学講義棟／吉村順三＋奥村昭雄、一九六六年
黒沢池ヒュッテ／吉阪隆正、一九六七年
料亭河文 水鏡の間／谷口吉郎、一九七三年

初代徳川家康、二代秀忠、三代家光と将軍家は続くが、生まれながらの将軍は家光が最初。それにちなんで本書で取り上げる建築家でいえば、初代ライト、二代レーモンドと続き、そして生まれながらのモダニストは前川國男となる。

前川、谷口吉郎、ジョージ・ナカシマ、丹下健三、吉阪隆正、吉村順三、松村正恒、池辺陽、片岡献、内田祥哉、浅田孝と並べて初めて気づいたが、日本の戦後建築の主流をなす面々のほとんどがル・コルビュジエの影響を受けている。

こんな現象は、ヨーロッパにもアメリカにも観察できない。祖国フランスはル・コルビュジエについに国の建築はやらせなかったし、ましてドイツ、イタリア、オーストリアといった二〇世紀建築誕生に大きく与った国もル・コルビュジエを無視した。アメリカも同じ。

ル・コルビュジエ事務所にフランス人はおらず外国人ばかりだったともいい、そんな中で日本からは前川、坂倉、吉阪のほかに何人かがル・コルビュジエの許で学んでいるから、数えたわけではないが、ル・コルビュジエ事務所における日本人密度は相当高いか、あるいは最高かもしれない。

しかし、戦前の段階での日本のモダニズムの動きを資料に当たって確かめると、主流だったのはル・コルビュジエではなくバウハウスだった。

一九三〇年代初頭、まずバウハウスが世界のモダニズムのセンターとして認められ、バウハウスの影響を受けた石本喜久治、堀口捨己、山田守、山脇巌、山口文象、土浦亀城らによって〝白い箱に大ガラス〟が日本にもたらされる。

日本のモダニズムをバウハウス派とコルビュジエ派に分けるなら、バウハウス派こそが最初の主流となっている。

主導権を持つバウハウス派の陰に隠れるようにして、まずレーモンドが、続いて前川と坂倉が、さらに丹下が、とコルビュジエ派は続くが、結局、戦前の開戦前の段階では主流にはなりえなかった。

戦争が始まってから、コルビュジエ派はバウハウス派を抜いたのではないかとにらんでいる。バウハウス派の〝白い箱に大ガラス〟による抽象的表現は戦争という時代の求める民族性や国家的記念碑性にまったく応えることが出来なかったのに対し、コルビュジエ派の持つ造形性や力動性は、民族性、記念碑性との接合が可能だった。

さらに、戦後復興という時代のダイナミズムに適していたのも、コルビュジエ派だった。

木村産業研究所

前川國男

①

所在地　青森県弘前市在府町
竣工　一九三二年
構造　鉄筋コンクリート造
規模　地上二階
敷地面積　一一七〇㎡
建築面積　二八七㎡　**延床面積**　三九五㎡
備考　国指定重要文化財（二〇二一年）

前川國男の処女作は、一九三二年に世に出ている。世には出たが、建築界ではほとんど注目されず、前川國男といえば一九三一年の東京帝室コンペの落選案から話をはじめ、処女作はとばして、次は一九四〇年の岸記念体育会館、そしてウンヌンということになっている。こういう状態が戦後半世紀以上つづいたが、さいわい、このところちゃんと歴史を踏まえて前川を研究し論ずるようになり、処女作の木村産業研究所にもようやく光が当たりはじめた。

　で、遅ればせながら見に行ってきた。場所は、前川の母方の故郷の弘前市。タクシーを降り、建物の前に立ち、思いの外ちゃんとした建物であることに驚く。前川の戦前の建物といえば、岸記念体育会館にせよ笠間邸にせよ前川邸にせよ木造ばかりで、木造ゆえの軽さと（それはそれでいいのだけれど）、木造モダニズムゆえの簡便さ（それもそれでいいのだけれど）と、木造ゆえの特殊性（屋根が付く）が表立ち、ル・コルビュジエの許で本場モダニズムを習ってきた本格派感に乏しかったが、処女作は違って、屋根など見せない本格派のモダニズムだ。どうして本格派になりえたかというと、木造じゃなくて鉄筋コンクリート造だからだ。

　ブルーノ・タウトが一九三五年に弘前に旅した時、町はずれに鉄筋コンクリートの本格派のモダニズム建築が建ってたと驚嘆したが、当時、世界でも日本でも

①当初、二階にはバルコニーが張り出していた
②ピロティの下を回って表から裏へと車が入る
③丸柱と柱から離れる横長連続窓。初期のル・コルビュジエの教えを忠実に守る

②

③

④

④入口の吹抜け。一番の見せ場
⑤中はそう魅力的ではない

例外的存在だった。なぜ可能になったかというと、施主の富と識見と、そして建築家との良好な関係による。

施主の木村隆三は、パリ日本大使館付武官としてパリにいる時、ル・コルビュジエのところに留学中の前川と意気投合した。木村が前川にダンスや酒を教えたという。東京に本籍を置く木村だったが、帰国後、久しぶりに故郷弘前に帰ると町の疲弊の激しさにショックを受け、弘前の大地主の一人として地場産業の創出を企てた。パリで似たような試みを見聞していたのだという。ホーム・スパン、家具、焼き物、こぎん（伝統の刺し子）などを産業化するための木村産業研究所がここに創立され、もちろん建物の設計は前川へ。

前川は木村の意気込みに応えるべくル・コルビュジエ仕込みの腕をふるった。そして生まれた建物の姿は、どうだったのか。

まず全体の形は、バウハウスと同じ時代の前期のル・コルビュジエに習っている。白い箱に連続窓を開け、一部をピロティで持ち上げる。木村産業研究所のピロティは右手側面にあって目立たないが、ピロティの下を通して裏へと車を回すやり方はル・コルビュジエの当時の代表作サヴォア邸仕込みといえよう。

でもル・コルビュジエは、一九三一年のサヴォア邸の後すぐ作風を一変させ、打放しと自然石と大胆なカーブを使ったスイス学生会館を翌一九三二年に打ち出している。

⑤

前川がル・コルビュジエの事務所で働いたのは一九二八年四月から一九三〇年三月までの二年間で、この間に設計と工事が進行していたサヴォア邸と、一九三〇年に起工するスイス学生会館の設計内容を知っていた。変わる前と後の両方を一所員として内側から目撃していたのである。

今日の目で見ると、白い箱に大ガラスの前期ル・コルビュジエか、造形力溢れる後期ル・コルビュジエか、という話になるけれど、両方を目撃した前川は、帰国後の第一作にあたりどっちを選んだのか。

答えは、すでに見たように前期の師匠のやり方だった。

木村産業研究所をやっている時の前川は、レーモンド事務所の所員だったが、そのレーモンドはと見ると、後期ル・コルビュジエを飾る案の一つであるエラズリス邸案（一九三〇年）に想をえて、レーモンド夏の家（一九三三年）をつくっている。

前川はどうも、後期ル・コルビュジエの彫刻的なまでに大胆な造形はあまり好きではなかったらしい。

なお、最後に、木村産業研究所の運営についてふれると、うれしいことに大成功で、戦前の最盛期には一〇〇人から一五〇人が働く地元の一大企業となった。現在も、木村隆三の息子の木村文丸氏によって続けられ、もっぱら〝こぎん〟を扱っている。

藤村記念堂

谷口吉郎

所在地　岐阜県中津川市馬籠四二五六―一
竣工　一九四七年
構造　木造
規模　地上一階
延床面積　五九㎡

久しぶりに谷口吉郎の建築を見に出掛けた。戦前から戦後におよぶ谷口の長い作品歴の中でも、代表作と評して間違いないないだろう。

戦前にはバウハウス流の白い箱、戦後には和風を加味した大ホテル、国の博物館などなどの前衛的作品や大作が目白押しなのに、どうして藤村記念堂をもって代表とするのか。大きさでいうとあまりに小さな文化施設に過ぎないし、つくられたのも敗戦二年目と、混乱と極貧のまっただ中。建設会社に頼むお金もないから、村人が山から木を伐り出し、河原から砂利を運んだだけでなく、大工仕事や左官仕事もみな自分たちで手掛けている。

代表作と見なされた理由はいくつかあろう。

巧みに和風を取り込んで〝新日本調〟と呼ばれ、戦後の和風加味モダニズムに多大な影響を与えたこと。モダンな空間に障子をはめる効果は、ここから広まったと私はにらんでいるが、どうだろう。室内から庭へ、庭から室内へ、人とその視線の流れるような移動も、日本の伝統をうまくとらえている。敗戦の深い痛手にもかかわらず、これだけの質が生まれ、当時の建築界が勇気づけられたことも、代表作となった理由に違いない。

以上のような評価は承知しているが、〝日本の伝統〟というところをもっとはっきり考えてみたい。〝日本的〟だけでは、なんとも曖昧すぎる。で、久しぶりに出掛けた。

①

冬のせいで、人影がまばらだったのが、まずよかった。木曽路は冬に限る。例の、昔の本陣の門を復原した黒塗りの冠木門を入り、巧妙な目隠しの塀の前を右折して、谷口が設計した建築らしい唯一の建築ともいうべき展示室へと進む。建築には違いないが、マア、土間の廊下である。

明治になってから焼失した旧本陣にして島崎藤村の実家の敷地に、記念堂をつくりたいという村人の求めに、建築家は、焼跡の土台石をそのまま砂利敷のなかに残し、まわりを例のヘンな目隠し塀と展示用の廊下の二つで囲み、それで答えとしたのだった。

たったこれだけのデザインなのに、いやそのせいか、初めてのように新鮮で、あっちこっち歩いても、ベンチに座って眺めても、飽きることがない。半日いたって見終えた感はしないだろう。

なぜなんだ。

手がかりを与えてくれたのはベンチで読んだ谷口の一文だった。土間の廊下（展示室）から外側に足許にのぞく坪庭の見え方は、例の孤蓬庵の茶室〝忘筌〟の障子の入口に学んだというのである。たしかに、壁の下半分しか見えない。

この一文を誘い水に、もう一度、冠木門から入り直し、一つ一つについて考えた。なるほど、そういうことだったのか。冠木門は谷口のデザインではないから飛ばして、目隠しのヘンな塀はいったいなんなのか。アプローチからの視線がスト

①土台石の〝石庭〟の向こうに展示室
②廊下状の展示室

②

③

レートに入るのを防ぐ短い塀といえば、これはもう伊勢神宮の藩屏に違いない。

次の土間廊下に入ってすぐの庭の見え方は忘筌。

廊下を進んだ先には障子が現れ、端には勾欄付の縁が、腰より高い位置に張り出している。庭側から眺めると分かるが、桂離宮の高床の縁から来ているのは、障子との組合せからして間違いない。

主役ともいうべき焼跡の土台石はどうか。失われた石もあるから、不揃いの自然石が、点々と散在する。それも、龍安寺の石庭のように、河原から運んだ砂利敷のなかに頭を出して。

忘筌、桂離宮、伊勢神宮、龍安寺石庭。なんだ、日本の伝統のいいもの総動員状態ではないか。忘筌以外、本人は意識していなかったかもしれないが。

藤村記念堂は、日本建築史の重箱だったのである。代表作となって当たり前だろう。

⑤

③展示室の〝忘筌〟
④この廊下が建築本体
⑤廊下から入口の目隠しの壁を見る

④

神奈川県立音楽堂

前川國男

所在地　神奈川県横浜市西区紅葉ヶ丘九—二
竣工　一九五四年
構造　鉄筋コンクリート造・屋根鉄骨造
規模　地上二階地下一階
敷地面積　七二六〇㎡
建築面積　三三八七㎡

①

②

戦後、公共建築のコンペが始まった時、丹下健三が勝ち続けるなか、師の前川國男が一矢報いたのが神奈川県立の音楽堂と図書館の一体化コンペだった。

このところ年一度ほど訪れているが、ロビーの空間はいつ見てもいい。日本の戦後モダニズムの初心がここにはある。

庭から大ガラス越しに光が雪崩れ込み、打放しコンクリートによる柱と傾いた大梁を明るく照らす。もしこれが打放しではなくタイル貼りや金属パネルだったらどうだろう。光がツルツルピカピカ照り返し、仕上げ面の味わいは拭い去られてしまうし、もしこれが外部に使われていたらどうだろう。汚れは避けられまい。

打放しが味わい深くかつ美しく感じられるのは、特に日本のように高温多湿な国では、青空と光と緑が欠かせない。戦後、日本はブラジルと並び世界でも珍しい打放し大国となるが、今訪れるとほとんどはクタビレ果てている。二一世紀初頭の現在、今やあまり使われなくなった打放しの初心を確かめようと思ったら、この音楽堂に来てほしい。

見せ場をつくっているのはもちろん打放しの円柱。あまり語られてこなかったことだが、この時期、前川はもっぱら円

①外観。ホールの向きに対し、側面から入るのが前川式
②回廊から入口ホールを右手に見る
③ロビー。光の溢れるなかでの打放しは素晴らしい

③

④

柱を使い、ライバル丹下は角柱のみ。円と角。大した差ではないように思われるかもしれないが、打放しにとっては重要ポイントの一つとなる。

まず、ヨーロッパのモダニズムにおける柱から述べると、ル・コルビュジエのドミノに象徴されるように円柱を基本とする。というより円柱以外を私はあまり見たことがない。ギリシャ神殿このかたヨーロッパで柱といえば丸に限られる。ロマネスク期に分厚く短い角柱風が登場するが、これは柱（カラム、ポスト）とはいわず壁柱（ピア）と呼ぶ。

ル・コルビュジエに習って円柱を立てているわけだから、世界的には正当に違いない。異例なのは丹下の方で、広島ピースセンターでのデビュー以来、角柱を貫く。理由を聞いたところ、そうしないと接合部がチグハグになる。丹下青年がこのことに気付いたのは、前川事務所から大学院に戻り、大東亜コンペ（一九四二年）に参加し、前川國男審査委員長から一等に選ばれた時で、ル・コルビュジエに習って打放しの円柱を使ってみたが四角な梁と合わず、「今でも直したい」とのことだった。

優れた建築家の条件は執念深さだが、どこに執着するかには差がある。丹下のように梁との接合には意を払わなかった前川は、柱のどこに執着したのか。

前川は建築家としての人生の後半に入ると打放しは止

⑤

④全面木材の音楽ホールは、ホールそのものを楽器と化す働きをする
⑤テラスの手すりに使われた陶製穴開きブロック。ブロックの使用はオーギュスト・ペレに由来する

め、赤茶系のタイル（厚い打ち込みタイル）を使うようになる。この変化は重要で、前川自身の説明によると、青年時代に深く影響を受けたウィリアム・モリスの赤煉瓦の中世主義への回帰だという。打放しは心底から好きというわけではなかったともいっており、歴史家としては二階に上がって梯子を外された感もあるが、そうした中世主義回帰のなかでも打放しを止めなかった箇所がある。

柱、そう、柱だけは打ち放した。

前川事務所のなかで、室内の柱にもタイルを貼るかどうかの議論があり、その時、前川は、柱だけはダメと決めている。それが前川の柱についての執着だった。

正確にいうと、室内の柱についての執着だった。おそらく前川は、戦後早い時期に手掛けた打放し建築の外観が、排気ガスや高温多湿により汚れクタビレてゆくことを危惧していたに違いない（今は対策もあるが）。社会的にはこの危惧に、また内面的には中世主義に動かされて、外壁にはタイル、室内の柱は打放し、の両者併存の道へと舵を切ったのではないか。

打放し全盛のこの音楽堂でも、バルコニーの勾欄にはタイルの兄弟の陶製穴開きブロックが使われている。とすると、陶製穴開きブロックが壁面全体まで広がって前川の打ち込みタイルになったとも考えられよう。

三里塚教会

吉村順三

所在地　千葉県成田市三里塚
竣工　一九五四年
構造　木造（真壁構造）
規模　地上一階・一部二階建
建築面積　六七・二一㎡（二〇・三三坪）
延床面積　八二・〇八㎡（二四・八三坪）

一年ほど前、建築家の松隈章さんから、〝この教会、知ってました？〟と、吉村順三の手になる小建築の写真を見せられた時、目を見張った。吉村さんについてはそこそこ調べたこともあるが、教会をやったとは初耳だし、吉村の特徴をこれほど高い純度で見せてくれる作品が長らく埋もれてこようとは。吉村隆子さんが父の仕事の追跡作業をしていて、一緒に行ってきたとのこと。竣工は戦後の一九五四年、場所は千葉県の三里塚、と聞いてすぐ吉村さんから聞いた次の話を思い出した。

一九四一年一二月八日、日本が真珠湾攻撃した日、「国が戦争をするなら俺は事務所を開く」と決めたものの仕事はなく、千葉の結核療養所を細々と設計しながら戦中を過ごした。

戦中の千葉での縁で戦後に教会をやったのではと推測したが、そうではないらしい。吉村は、建て主の戸村一作とも、この小教会の二階の小部屋に住み込んでいた東洋英和女学院系の小篠（おざさ）牧師ともつながらない。

成田空港から車で一〇分、三里塚の大通りからちょっと入った住宅地の戸村家の敷地の一画に、鍛冶場と前後して建っている。簡素な材料とありふれた形だけを使いながら、微妙なプロポーションによって生気を吹き込まれ、建物が

①

②

建築へと変身する瞬間を目撃する喜びを、久しぶりに味わう。三里塚という決して豊かではない農村の一鍛治屋が、明治の末、信仰に目覚め、自力で茅葺きの教会を建てた。戦後、それを三代目が、鎌や鍬を金床の上で鍛えながら建て替えた。茅葺きの教会、そして野鍛治、そうした昔の光景を今も伝える空気感があたりには漂い、「瞬間を目撃」したような気持ちになった。

簡素な材料とありふれた形からなる外観の、しかしありふれない印象に心を満たされながら、靴を脱いでから教会のなかに入る。なかは、教会というより住まいのようなスケール感。その一番の理由は、祭壇を除くと寸法が九間（ここのま）になっているからだろう。吉村は常々、住まいの主室は、日本でも外国でも心地いいのは三間（五・四m）四方の九間と述べていた。村の人々が誰かの家に寄り集まって祈りを捧げる、そういうキリスト教発生期につながる教会のイメージが、戸村家にも吉村にもあったに違いない。

寸法は住まいに近いが、上を見ると住まいにはあり得ない意識的な構造が架かっている。丸太の挟み梁によるトラス構造。丸太の挟み梁は日本の仮設建築で発展し、それをレーモ

①鐘楼が全体を引き締めている
②これほど実物に近い十字架もないだろう

ンドが軽井沢のセントポール教会などを通して本格的建築に持ち込み、所員であった吉村に伝わった。

なかに入った時、まず住まいのようなプロポーションに驚き、次に大胆な小屋組に感心したものの、祭壇には目が向かわなかった。プロテスタント系ゆえ派手に飾り立てないにしても、あまりに簡にして素。十字架もなければキリスト像もない。そしてベンチ椅子に一人座り、見るともなく祭壇に目をやると、十字架が淡い光のなかにそっと浮かび上がっている。正面に位置するただの一本の建築用の柱と梁が、建築家によって霊気を吹き込まれ、十字架へと変身する。〝キリストも、このような十字架に架かったに違いない〟、そう思わせる簡単なつくり。サイドのガラス室から入る光に浮かぶ十字架に気付いて、まず安藤忠雄の光の教会を、次に、スペインの山中に訪れたプレロマネスク期のサンタ・クリスティナ・デ・レナを思った。時代も場所も違うけれど、木で、コンクリートで、石でつくられた、ただ祈るだけのための空間。木とコンクリートと石が祈りを助け、祈りが木とコンクリートと石に生気を与える。他に何もい

③

④

⑤

らない。
教会を出て、隣り合う古びた鍛冶場に入り、この教会とこの鍛冶場にはつながりがある、と感じた。空間の質が似ている。キリストが生まれた馬小屋と、開拓農民の鍛冶場の二つが、私のイメージの中で合体していた。

③左手が室内の十字架のある凸部
④壁と凸部の間のスリットから外光が入り、ただの柱と梁を聖化する
⑤隣り合う鍛冶場。この鍛冶場の鍛冶屋である故・戸村一作が成田空港建設反対運動のリーダーであった

秩父太平洋セメント秩父工場

谷口吉郎＋日建設計工務

旧・秩父セメント第2工場

所在地　埼玉県秩父市大字大野原一八〇〇
竣工　一九五六年
構造　鉄筋コンクリート造・鉄骨造
敷地面積　二八万一八〇〇㎡
建築面積　三万三〇〇〇㎡

戦後の日本のモダニズム建築が、世界に強い印象を与えたのは、打放しコンクリートのおかげだった。敗戦国で鉄やガラスには恵まれていなかったけれど、打放しコンクリートの表現なら、アメリカとヨーロッパに負けないで済む。なぜなら、打放しコンクリート表現の良し悪しは、型枠の大工仕事の精度と打ち込み時の人手の量に左右されるからだ。敗戦後の日本には、安い賃金でも

②

①

①障子や格子を思わせるカーテンウォール
②谷口好みの縦割りの窓

精根込めてくれる優秀な大工がたくさんいたし、打ち込み作業、たとえば竹の棒でコンクリートをつついたり、槌で型枠を叩いたりの人手は無限に近くあった。アメリカは逆で、打放しコンクリートの方が高価で鉄骨造の方が安かった。

戦中に一時仮死状態におちいった日本のモダニズムの戦後の再生を可能にしてくれた打放しコンクリートの代表作は数あるが、専門家以外には意外と知られていない傑作を今回は紹介したい。一九五六年につくられた谷口吉郎の秩父セメント第2工場（現・秩父太平洋セメント秩父工場）である。敗戦から一一年、国内の

③

④

打放しと比べるなら丹下健三の香川県庁舎より二年早いし、世界と比べるならル・コルビュジエのロンシャンの教会の翌年にあたる。その早さにまず驚く。

次に驚くには現地を訪れてもらうしかないが、大きい、まことに大きい。高さも高く、長さも長いのが、さまざまな形をとりながら並んで続く。工場ゆえのダイナミズムにあふれ、なんだかエイゼンシュタインの映画とかロシア構成主義やイタリア未来派の建築プロジェクトを見ているような、今となっては懐かしい気分になる。

今回、私が訪れたのは、確認しておきたいことが一つあったからだ。伝統の一件である。セメント会社の打放しコンクリート工場に伝統もくそもないだろう、と思うのは歴史を知らない人の浅はかな考えで、戦後の最初の十数年、とりわけこの時期、さらに正確にいうなら戦前の昭和一〇年代にはじまり戦後の昭和三〇年代半ばまで、日本の先駆的モダニズム建築家たちの重大なテーマとして〝伝統とモダニズム〟があった。丹下をはじめ坂倉、谷口、前川、みな考え悩み、さまざまな成果をあげているのだが、谷口はどうしたか。

工場のなかを歩きながら、巨大工場にもかかわらず緻密に練りあげられたディテールに感銘を受けながら、まず一つのことを見取った。柱と梁を表現の中心にしていない。香川県庁舎に代表されるように丹下とその影響を受けた当時のモダニズム主流は、木造の柱・梁の架構の美学を打放しコンクリートのラーメン構造に置き替えることをもって、伝統とモダニズムの連続化を図り、そのことがグロピウスやフィリップ・ジョンソンといった戦後をリードするアメリカ建築家に高く評価され、丹下は世界に出てゆくのだけれど、その柱・梁の美学に、谷口は頼っていないのだ。柱・梁は使っているけれど、一階にしか姿を現さない。隠してしまっている。これは、当時のモダニズムデザインとし

⑤

ては珍しい。

柱・梁の美を隠し、代わりに二階以上の表現の主役を張ったのは何か。カーテンウォールである。それもコンクリート製ではなく、鉄とガラスのカーテンウォール。コンクリートの片持ちスラブと方立てを構造体（柱・梁）から張り出し、それを支持体にして細い鉄とガラスのカーテンウォールを取りつけている。戦後の鉄とガラスのカーテンウォールの先駆的代表作としてあまりに名高いミースのレイクショアドライブアパートメントはまだ出来ていない。鉄の格子状表現で知られる丹下の旧・東京都庁舎もまだ。

ここで一思案。この軽やかで繊細な谷口のカーテンウォールの美学は何に由来するんだろう。カマボコ屋根が連なる工場の表通りから鉄道引込線のある裏通りに回り、カマボコ屋根ではなく、上端の水平に切れたカーテンウォールを眺めている時、ピンと来た。ショージ、そう障子。これは障子の美学に由来するんじゃあるまいか。戦後、谷口の再出発を飾る名作の藤村記念堂（一九四七年）の特徴は、障子をモダンな感覚で使ってみせたことだが、それから九年後の作なのである。

③工場内部。コンクリートの柱と梁で構成されている空間。手前に見えるのが、今は使われていないコントロールパネル
④ベーレンスのＡＥＧタービン工場に通ずるような力強さがある
⑤いかにも初期モダニズム風な張り出し

NTT中央研修センタ講堂

内田祥哉

旧・中央電気通信学園講堂

所在地 東京都調布市入間町一―四四
竣工 一九五六年
構造 ドーム型シャーレ式＋鉄筋コンクリート造
規模 地上二階
敷地面積 一九万五二四六・三二㎡
建築面積 一〇六三・七三㎡
延床面積 一三一三・七二㎡
収容人数 約一〇〇〇人

①

②

敗戦から立ち直った日本の建築界には、大空間をつくるという新しいテーマがあった。戦前も公会堂や体育館や市場や格納庫はつくられていたが、そうした大空間で採用される架構技術を表現として積極的に前面に立てることはなされていなかった。鉄とコンクリートという近代構造技術を駆使したモダニズムの構造表現は、戦前の段階では、世界でもル・コルビュジエもグロピウスも主張しプロジェクトやコンペ案は発表していたが実現はしていない。わずかに建築家というよりは構造技術者のトロハのマドリット競馬場（一九三五年）やネルヴィの格納庫（一九四一年）などがあるばかり。

で、戦後、日本の建築家たちは大空間の構造技術に表現を与えようと取り組むことになる。シェル構造、HPシェル構造、トラス構造、立体トラス構造などなどさまざまな試みがなされているが、さて、それらのなかで現在でも見ることのできるのはと捜してみると、初期のものはほとんど建て替えられ、わずかに健在なのが、今回紹介する内田祥哉のNTT中央研修センタ講堂（一九五六年。取材当時は「NTT東日本研修センタ」）なのである。

内田は、戦後、逓信省・電電公社（現・NTT）の建築家として中央電気通信学園の施設に取り組み、戦後打放しコンクリート第一号となる学生宿舎を手掛けているが、今はない。しかし、幸

①入口周りのシャープさと部材の細さは内田好み
②外観。思いのほか扁平に見える
③内部。鉄骨が細いから膜構造のように見える

③

④

い、打放しコンクリートの柱と梁の上に立体トラスをかぶせた講堂の方は残っている。

で、写真の下村さんと一緒にはじめて訪れたのだが、天気は今にも雨が降りそう。半世紀近くたってようやく訪れた建築史家のたいまんを天がおこっているのかもしれない。天気は悪かったが、建物はよかった。この時期のものは残っていても管理が悪くて写真にはならないが、さいわいちゃんと維持管理されており、往年の輝をまったく失っていない。

が、思ったよりずっと小さく見える。理由はドーム型の屋根というのは、視覚上、ドームの頂点が後方へと逃げてしまい実際より低く見えるのと、もう一つ、正面に横一文字に走る玄関車寄せが目を強く引きドームへの視線を弱めているからだ。高さやファサード性を強調しないところはいかにも内田祥哉らしいといえばいえる。

水平の車寄せは、どこか日本の数寄屋造りの広く伸びやかな軒の出を感じさせる。屋根はプレキャスト板になっているのに驚いた。もうこのころから内田は工業化の試みに取り組んでいたんだ。パネルを支える鉄骨の梁の形にはほほえまざるをえない。今なら高性能なI型鋼(アイ)一つですますだろうに。

言葉は悪いが、オモチャのような鉄骨による懸命な構造。このことは講堂の大空間のなかに入り、客席の頭上に大きく広くかかる立体トラスの鉄骨を眺めた時、しみじみ胸に迫る。使われている鉄骨は、今なら農家のニワトリ小屋でしか見られない

⑤

ようなアングルなどの薄い断面の軽量鉄骨なのだ。モヤシのような鉄骨を組み合わせて強くし、それを使って三角形の板をつくり、三角形を六枚つないで背の低い六面体となし、それを次々につないでドームとなす。溶接はないから、リベットとボルト締め。六本の小トラス梁の集まるジョイントのつくりなんかどうだ。工業製品というより、内田祥哉本人の手内職といった風情だろう。

モヤシのような鉄骨、手内職のような技術でも、これだけの大空間が実現した。戦争による日本の製鉄技術と鉄骨技術の遅れを、自分の工夫でなんとか乗り越えてみせる――そういう戦後の若い建築家の息吹が立体トラスからにじみ出て、空間をひたしている。

この構造を実験中、バックミンスター・フラーがやってきた。鉄の先進国アメリカから立体トラスによるドームの達人フラーが見学にきた。意外にも、フラーはそれまでストレンゲージなどを使うちゃんとした実験などしたことはなく、自分でぶらさがって揺すって試していたという。内田によると、うれしそうにぶらさがるフラーは〝発明おじさん〟という印象で、後に〝宇宙船地球号〟のコンセプトを出して今日の地球環境問題の先駆的思想家になろうとは思いもよらなかったという。

④ 工業製品を並べて作る天井も内田好み
⑤ 玄関の庇。鉄骨の梁の形が面白い

香川県庁舎

丹下健三

①

②

香川県庁舎東館
所在地　香川県高松市番町四―一―一〇
竣工　一九五八年　**構造**　鉄筋コンクリート造
規模　地上八階塔屋三階
敷地面積　一万九七四七・八二㎡
建築面積　二七二六・四㎡
延床面積　一万二〇三五・四㎡
備考　国指定重要文化財（二〇二二年）

〝ビルディング・タイプ〟、日本語に直せば〝建築類型〟。建物の用途ごとの形式を指し、ビルディング・タイプがひとたび成立すると、一目見て何の用途か分かるようになる。たとえば、学校は学校らしく見えるから、病院やオフィスと間違えることはない。

建築家の夢の一つは、自分のデザインによって一つの時代のビルディング・タイプを決めることだが、そんな広範な貢献をした日本近代の建築家を私は一人しか知らない。

丹下健三。

建築作品としては代々木のオリンピックプールが、都市的デザインでは広島ピースセンターが最高作に違いないが、ビルディング・タイプを決めたという点では、香川県庁舎に尽きよう。

香川県庁舎が一九五八年に完成して以後、全国各地の県庁舎はじめ市庁舎、町役場はむろん文化施設にいたるまで、数多くの公共建築が香川県庁化していった。

久しぶりに訪れると、周囲のビルの高層化を除いて昔ながらの姿をよく伝えている。どこが庁舎建築として決定的だったのか、順に述べてみよう。

まず、ストリートとの関係が新しかった。塀も門も仕切り

①水平の議会棟の向こうに行政棟が垂直に伸びる
②このシャープで味のある印象が、その後の日本の公共建築の美を決めた
③行政棟の日本建築を思わせるベランダのデザイン

③

もなく、誰でも道路からそのまま入ってゆける。塀と門を構えた戦前の官庁建築に対し、戦後の新しい官庁のあり方がここで決まったのだった。

道路からそのまま入ってゆけるにしても、視覚的にはそこが道路とは違うことをちゃんと建築的に示されなければならない。その働きをしているのがピロティに他ならない。ル・コルビュジエは、個々に区切られた地表をピロティによって都市に解放すると主張したが、これほど見事に解放した例はこれ以前にはなかった。私の見るところ、香川県庁舎と広島ピースセンターは世界屈指のピロティ建築に違いない。

そして、ピロティの二階には県会の議場が入り議会棟となる（市民の集会場もある）。

ピロティの下を進むと、議会棟とは切れて、左手に池のある庭が広がり、右手に行政棟が建つ。いうまでもなく何々課などが入る行政棟は、大容積を必要とし、毎日、多くの市民と職員が出入りする県庁舎の本体に他ならない。行政棟は水平に伸びるピロティの議会棟と反対に、縦に八階分立ち上がる。

道路からそのまま敷地に入る開放性、水平に伸びるピロティの上に載る議会棟。その奥に縦に伸びる行政棟。そしてピロティの向こうの庭――こうした全体構成は、戦後日本の庁舎建築に求められた市民への開放性を見事に表現

④

し、以後の典型となり、さらに広く公共建築のあり方に強い影響を及ぼした。

決定的だったのは、こうした全体構成だけではない。建築個体のデザインも、当時の建築家であれば誰もが真似したくなるような質を誇っていた。

たとえば、打放しによる柱と梁の軸組構造の美しさ。戦前の段階で、日本の木造に由来する垂直の柱と水平の梁の構造美を現代建築に持ち込もうという試みは、遠藤於菟や吉田鉄郎により実行されていたが、倉庫のようになってしまいうまくゆかなかった。そうした失敗を踏まえ、丹下は、軸組構造にピロティと打放しと勾欄（ベランダと手すり）を組み合わせることで、木造の美を打放しコンクリートに置き換えることに成功したのだった。

とりわけ、軒の出のように支えられた手すり付きベランダの影響は決定的で、丹下の先輩に当たる前川國男なども次々に自作に取り込み、後にはあまりに広がり過ぎて、誰の工夫になるか分からなくなってしまったほど。

丹下の香川県庁舎の影響は、分かっているだけでも、E・サーリネン、L・カーン、P・ルドルフに及んでいる。いずれもアメリカなのは偶然ではなく、同時代の日米建築界を体験した磯崎新に尋ねると、「戦後のアメリカ建築界が、ヨーロッパではなくて日本を手本としたからで、そうした戦略はP・ジョンソンが立てた」と答えてくれた。

④猪熊弦一郎の陶板は、丹下の打放しに大輪の花を添えた
⑤議会棟の引戸形式の窓

⑤

与那原カトリック教会

片岡 献＋SOM

旧・聖クララ教会

所在地 沖縄県与那原町与那原三〇九〇―五
竣工 一九五八年
構造 鉄筋コンクリート造
規模 地上一階
敷地面積 一万三五九〇㎡
建築面積 八七三㎡
延床面積 八七三㎡

日本の戦後建築史には〝占領時代〟というあまり解明されていない一時期があり、例えば東京なら、戦前にアメリカ留学した建築家たちが動員され、占領軍関係の住宅建設などを手掛けている。

そうした占領時代は本土の場合、一九五二年に終わるが、沖縄は長引き、一九七二年まで続く。沖縄の占領期を代表する建築としては琉球立法院が知られていたが今はなく、今も見ることの出来る作としても旧・聖クララ教会が一番いい。

沖縄にカトリックが布教されたのは一九三一年と本土に比べ大きく遅れ、戦前の段階で信徒は一一八人を数えたが、日本の敗戦後、一九四九年に宣教師のフェリックス・レイ師が上陸した時にはわずか四～五名しか残っていなかったという。ちなみにプロテスタント系はわずか一人。

フェリックス師と沖縄の縁は不思議なものだった。一九〇九年、アメリカのウィスコンシン州に生まれ、一九二九年、カプチン会の宣教師となり、一九四〇年にグアム島に赴任したところから不思議な縁が始まる。真珠湾を攻撃した日本海軍はグアム島を占拠し、捕虜となった師は一九四〇年から一九四五年までを神戸の捕虜収容所で過ごし、ここで日本語を覚えた。終戦後も日本に残り宣教活動を続け、一九四九年に沖縄にやってくる。もし捕虜にならなければ、南太平洋を統括する宣教師となっていたであろう。

フェリックス師は、沖縄のカトリックの再建に着手し、その中核の活動となったのが、地域の教会と修道院を兼ねた旧・聖クララ教会の建設だった。一九四九年に上陸し、教会が完成したのは一九五八年七月だから、一〇年がかりの大仕事だったことが分かる。

この度、初めて訪れ、修道女の中村さんに案内してもらって、教会と修道院を見たが、確かに一〇年かかるだけの充実ぶりだった。

まず、立地がよく、大通りの突き当たりに盛り上がる丘の上に建っている。

①

教会の姿は意表を突き、バタフライ形を取る。外観ではさほど目立たないが、教会のなかに入ると側壁にはステンドグラスの全面ガラスがはまり、バタフライ空間ならではのシャープさと動きを与えてくれる。

平面は、祭壇に向かって右側が大通り側となり、左側には柱が立ち、柱が通路を画し、さらにガラス窓を隔てて中庭に続く。教会には異例の祭壇に向かって左右非対称の平面となるが、教会らしい一直線性が消え、建築空間としてはなかなかいい。〝お主出来るナ〟である。

沖縄らしさとしては、祭壇の裏にあたる壁が穴開きブロックで仕上げられ、暑い日射を遮っている。

この教会のデザインのもとに、ル・コルビュジエがあるのは間違いないだろう。バタフライ屋根は彼の独創になるし、大通り側からの玄関の壁に張られた割り石もル・コルビュジエのスイス学生会館がもと。

①丘の上のバタフライ屋根

②

③

今こう書きながら思ったが、日本に現存するル・コルビュジエ系建築としては、とりわけ鉄筋コンクリート造によるものとしては、一九五八年竣工というのは相当に早い。これより先行する現存作は、レーモンドの戦前の赤星鉄馬邸（一九三四年）、戦後の八幡製鉄所体育館（一九五六年）、そして前川國男の戦前の木村産業研究所（一九三二年）、さらに丹下健三の広島ピースセンター（一九五五年）くらいしか思い付かない。

戦後の日本の建築史を振り返る上で、この教会の意味は思いのほか大きい。

にもかかわらず、設計者については謎が多い。磯達雄氏により、立地をはじめ

④

⑤

計画にはアメリカのSOM(スキッドモア・オーイングス・アンド・メリル)が関わっていることが報告されているが、どの程度まで関わったのかは霧のなか。

設計した片岡献についての霧はもっと深く、献だったか健だったか、〝在日米陸軍技術部隊建設部に所属するハワイの日系人〟、〝元は京都出身、英語と日本語の両方が出来た〟、と伝えられるのみ。

②教会の側壁を全面ガラスにするのは、ありそうでない
③前方が畳敷きなのに注目。当初は全て畳だった
④半地下の入口には自然石が張られる
⑤那覇の町を見下ろす丘の上に建つ

日土小学校

松村正恒

①

日土小学校東校舎
所在地　愛媛県八幡浜市日土町二番耕地八五一
竣工　一九五八年
建築面積　四七八㎡
延床面積　七六五㎡
備考　国指定重要文化財（二〇一二年）

知らない読者も多いと思うが、一九五八年につくられた《日土小学校》はヒヅチと読む。

実は私も知らなかった。ドコモモ（世界近代建築保存委員会）日本支部が選定した日本の近代建築二〇選のなかに、丹下健三の代々木のプールや坂倉準三の神奈川県立近代美術館と肩を並べて入っているのでその存在を知った。今は亡き設計者の松村正恒（一九一二～九三）さんには、生前、何度も会ってよくしてもらっていたのに、昔の仕事についてはうかつにもチェックしてなかった。

日土小学校の出来たころの評価はとても高かったらしく、二年後の『文藝春秋』誌の「建築家ベストテン―日本の10人―」のなかでは、前川、丹下、村野、芦原、池辺、谷口、菊竹、白井、吉阪と並んで選ばれるほどだった。評価の理由は、地方にあってちゃんとした建築をつくっているから。

でも、私が建築に目覚めるずっと前になされたこの評価を後に知った時、地方の建築家に対する中央の選者（建築評論家たち）の上からの温情を感じて、ちょっとイヤだった。

はたして竣工当時の高評価は温情だったのか否か。また現在のドコモモの評価はどうなのか。そのあたりを見極めようと、出掛けたのである。

①校庭側からの全景
②二階のバルコニー
③斜めに川に向かって迫り出す二階バルコニーが、この建築の外観の見所

②

③

遠い。松山空港から松山駅に行き、そこから特急で八幡浜駅へ。さらに車をとばして山の谷間を川に沿って入ってゆくと、やっと現れる。

先生に来意を告げ、どうぞご自由にということなので教室の椅子に座ったり、運動場にたたずんだり、川向こうから眺めたり、二時間ほど自由に見ての私の評価は、カメラが知っている。三六枚撮り一本以内で済むと思っていたのに、二本でも終わらず、三本持って来なかったのを悔やんだ。山あいのわずか数教室の小さな学校に撮るべきディテールやシーンがこんなに隠されているなんて。

一番の見所は、やはり、裏を流れる川の対岸から、川に張り出す二階のバルコニーの光景だろう。ピッと張り出すシャープな軒、斜めに走ってその軒とバルコニーを支える支柱。川を意識した見事なデザインに違いない。もしこのつくりがなかったら、よほど印象は凡庸化した。

こうしたデザインと並んで工夫の限りを尽くしているのは平面計画で、校舎と廊下の間に小さな中庭をとり、かつ二階廊下を半階分下げ、当時一般的だった片廊下式教室配置の弱点を克服してみせた。廊下側からも光は入るし、廊下を歩く他のクラスの生徒が授業の邪魔にならない。

二階の廊下と教室の間に段差をつけ、廊下からゆるやかな階段をトントンと踏んで教室に入るわけだが、空間と空間の間の段差と相互貫入というユニークな工夫をみて、私はすぐに土浦

④

亀城邸を思った。土浦邸は木造によるバウハウスデザインの好例として知られるが、段差による各室空間の相互貫入というバウハウスにはない独特な工夫をしており、土浦先生によると師のライトから学んだもの。松村正恒は、土浦邸（一九三五年）が完成したちょうどその年に土浦事務所に入っているのである。おそらく、ライト→土浦→松村と伝わった、と私はにらんでいる。

川に張り出すバルコニーのデザインの元をたどると、前川・丹下による岸記念体育会館（一九四〇年）に行き着く。ル・コルビュジエ流のダイナミックなモダニズムの日本木造版。

日土小学校は、昭和の初期に日本でのみなされた木造モダニズムという世界的には特異な努力の、そのさまざまな成果を引き継ぎ、一つの大輪の花にまで高めた作品、と評価していいだろう。木造ゆえの軽やかさとやさしさがこれほど生かされているモダニズム建築はめったにない。

松村正恒は、土浦事務所を戦中に離れ、戦後、出身地の八幡浜市役所に入って、日土小学校をはじめ公民館、図書館、病院などの公共建築を手掛けている。

④ 廊下から教室へのアプローチ
⑤ 廊下と階段の板の上手さが、この学校の平面評価の勘所

⑤

内之浦宇宙空間観測所

池辺陽

旧・東京大学鹿児島宇宙空間観測所

①

所在地　鹿児島県肝属郡肝付町南方一七九一―一三
設置　一九六二年
敷地面積　約七二万㎡
※六〇棟以上が池辺陽の設計

日本の宇宙開発は、アメリカやロシアと違い、大学の一研究者がスタートさせている。戦後すぐのことだが、東大の生産技術研究所の機械工学の教授だった糸川英夫博士が鉛筆大のロケットをつくり、ペンシルロケットと名付けて発射させた。鉛筆大は棒杭大になり、さらに電柱大になったあたりで、生産技術研究所とは別に宇宙開発のための研究所が新たに設けられた。どうして私がこの辺の事情に詳しいかというと、私はかつて生産技術研究所に勤めていたからだ。

ロケットのための新しい研究所は、本拠を東京に置き、鹿児島の内之浦（旧・内之浦町）に打ち上げ場をつくった。他の場所でつくられたロケット部品がここに集められ、組み立てられて発射される。ロケット開発のための晴れ舞台ということになるが、その建築設計を担当したのは、当時、生産技術研究所の建築の教授だった池辺陽。

私は大学院で授業を受けているから、おおすじどんな設計をするかは知っているが、住宅がほとんど、それも工業製品を前面に出した住宅がほとんどで、長いこと好きになれなかった。鉄骨をむき出しにするとか、スレート板や金属板を外壁に打ち付けるとか、まるで工場や倉庫みたいに風情のない住宅ばかりだから、好きになれないのは当然だが、でも、戦後の日本の建築界が掲げた〝科学技術の時代にふさわしい建築表現を〟というスローガンに照らせば、好き嫌いは別にして、池辺陽の作品は戦後のモダニズム建築の王道を歩いたと評価すべきだろう。

で、この度はじめて、心を決めて、池辺の代表作を見に鹿児島の内之浦に出かけた。

内之浦は大隅半島の南端にある。打ち上げ場は、海辺ではなくて海を眼下に望む山の中腹にある。まず目指したのは、打ち上げ場の中核をなす組立工場。

一目見て「もっと早く来るべきだった」と反省した。もっと早く見ていれば、私がこれまでしてきた池辺評価は大きく変わっていたに違いない。いい。他の住宅作品には見られないような美しさがある。工場や倉庫のような建物に違いないが、風情というか味というかそういう類のものが確かにある。

立ち止まって眺めながら、周囲を歩きながら、いろんなことを考えた。見る人の思考を誘発する力を持った建物なのである。

それにしても珍しい表情をしている。ピラミッド状に中央の凸起するアルミのパネルを並べ、その頂部をバーでつないで一種の立体トラスとする。他に例のない立体トラスだが、

①組立工場の軒まわり
②一階のコンクリート部分は後の嵩上げ。右手も増築

②

③ アルミパネルによる立体トラスの外壁
④ 観測塔と右手の待避所
⑤ 格納庫

⑤

④

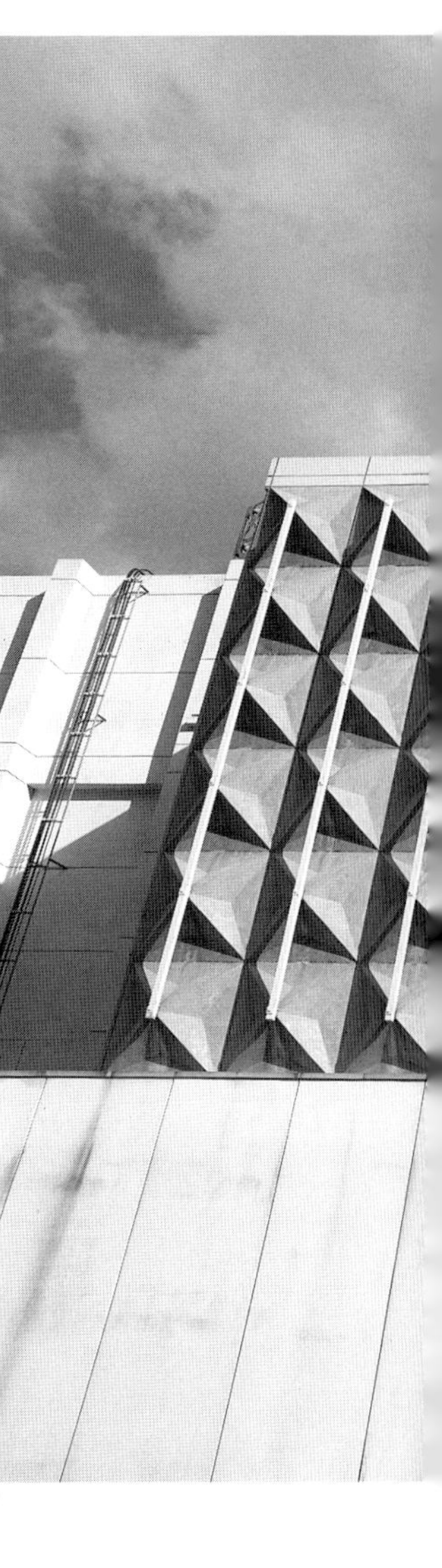
③

それ以上に、こういう幾何学的に凹凸する金属パネルを外壁の表現とした建築は、これ以前にも以後にも世界にあったろうか、これ一つなのだ。これ一つだから他の例と比べてあれこれいいようもないのだが、このイメージはいったいどこから湧いたんだろう。いったい何につながるイメージなんだろう。

あたりを歩き回りながら、遠く海上に目をやりながらイメージをさぐるうちに、思い当たるものが一つ浮かんだ。宇宙ステーションではあるまいか。宇宙ステーションのなかでも、太陽エネルギーを吸収する羽根状のパネルに似ている。

と思い当たった後、でも、マ・テ・ヨ。これがつくられたのは一九六二年だ。その頃はまだ、アメリカもソ連（現・ロシア）も人工衛星は飛ばしていたものの、宇宙ステーションはつくっていなかった。ということは、宇宙ステーションのまだない頃に、池辺は、暗い宇宙空間に浮かぶ銀色の宇宙ステーションのイメージをとらえていたことになる。

池辺は、糸川博士のすすめるロケット開発、宇宙開発に、生産技術研究所の一員として内側から関わっていた。そのことを池辺は、この建物を発表した専門誌のなかで強調している。おそらく、最先端の科学技術開発に内側から関わっているなかで、まだ見ぬ宇宙ステーションのイメージが、池辺のなかに結晶化していったのではあるまいか。

カトリック桂教会

ジョージ・ナカシマ

所在地　京都市西京区川島尻堀町三〇
竣工　一九六五年
構造　鉄筋コンクリート造
規模　地上一階
敷地面積　一五三〇㎡
延床面積　二五六㎡
建築面積　三〇二㎡

ジョージ・ナカシマといっても若い人は初耳かもしれないが、これを機に覚えておいてほしい。

時期は、レーモンドや前川國男と重なり、仕事としては家具のデザインに新境地を開いたことで知られる。アメリカのナショナルギャラリー（国立美術館）に行くと、イサム・ノグチの彫刻と組になってジョージ・ナカシマの〝樹〟を感じさせる木のテーブルが置いてあったりする。

名から分かるように日系のアメリカ人で、戦前、来日して、レーモンドと前川の事務所で働き、その時は建築家だったが、帰国して、戦時中、アメリカの日系人収容所で家具制作に目覚め、以後、戦後のアメリカを代表する家具デザイナーとして鳴らした。吉村順三は終生の友だった。

だいぶ前、ペンシルバニア郊外の森の中に建つアトリエを訪れた。もちろん本人は没した後だが、日系人の夫人と早稲田の建築を出た娘さんが今もアトリエを守り、娘さんのパートナーは家具づくりに励んでおられた。

アトリエはもちろん元・建築家ナカシマの設計になり、シェル構造の大空間であったが、細部のプロポーションや納まりに建築としてはなんとなく違和感があり、いってしまえば巨大な家具のように見えた。

①

②

④

③

① 外観は、建築家がふつうはやらない造形の組み合わせ
② HPシェルの屋根と打放しの壁が懐かしい
③ 扉の板に付く星形の刻みもナカシマならでは
④ 打放しに木枠と障子。そして素木のイス。いかにもナカシマ

で、京都はカトリック桂教会である。一九六五年につくられたナカシマの日本での唯一の建築。日系人収容所時代に知り合ったアメリカ人神父が、終戦後、GHQとともに来日し、布教して信徒を増やし、桂に新たに教会をつくることになり、ナカシマに設計を依頼したのだという。

住宅地の一画に立つ教会を一目見て、嬉しかったし、懐かしかった。

嬉しかったのは、ほぼ竣工当時の姿を留めていてくれたこと。この時期の建築は、構造的にも材料的にも問題が隠れ、補強などの改修を避けられない例が多いのである。

懐かしかったのは、戦後モダニズムの初々しさが伝わってきたからだ。この点について述べてみたい。

まず、打放しコンクリートから。打放しは今でもよく使われているが、印象はちょっと違う。今はコンパネか鉄板型枠を使うから広い面がペッタリ平らに打ち上がるが、これがつくられた頃は、板の小片を並べた型枠だったから、小片の目地と型枠全体の目地が強調され、小さな凸凹がたくさん壁面に現れ、その結果、今よりずっと陰影が深い。

陰影が深いと、打放しはどうなるか。岩や土の肌と通底するような粗さと存在感が生まれ、その結果、レーモンドの言い方にならうと、〝大地〟を感じさせるようになる。近代の工業製品でありながら、大地をしのばせることのできる打放しコンクリートの肌。

そうした肌を久しぶりに見て、嬉しくかつ懐かしかった。

シェル構造をとっているのも懐かしい。HPシェルである。今ではシェル構造をやる人はほとんどいないが、この教会がつくられた一九五〇～六〇年代は、日本のシェルの全盛期に当たり、丹下の愛媛県民館（一九五三年）を皮切りに次々に出現していた。

近代的構造によって近代ならではのダイナミズム（力動感）を生み出そう、というル・コルビュジエに起源を持つ構造表現主義は、当時、世界でも日本でもコンクリートシェルによってしか実現できなかったのである。

⑤

⑤ HPシェルの天井が強い印象を与える

そうして数多くつくられたコンクリートシェルも、今こう数えてみると、カトリック桂教会以外にはごく少なくなってしまった。

インテリアについて触れておこう。障子の利用、素木の木の枠取り的な使い方に、誰でも日本の伝統を感ずるだろう。一九五〇〜六〇年代は、モダニズムと日本の伝統の共通性に関心が払われていた時期で、レーモンド、丹下、吉村、坂倉などが、この方向に向かっていた。ナカシマもその一翼を担っていたのである。

日本の戦後モダニズム建築の初心が、ここには今も生きている。

大学セミナー・ハウス本館

吉阪隆正＋早稲田大学建築学科U研究室

①

① 入口とブリッジ
② 地から生えたというより、大地に突きささったような本館

所在地 東京都八王子市下柚木一九八七─一
竣工 一九六五年
敷地面積 七万四〇六八㎡
構造 鉄筋コンクリート造
規模 地上四階地下一階
延床面積 一三七一・三三㎡

東京で大学生活を送ったことのある人なら、今回の建物を懐かしく思い出せるかもしれない。東京の私立と国公立の大学が共同して設立した泊りがけのセミナー・ハウスで、創設されてもう半世紀以上経つから、調べたわけではないが数十万人の若者がここを通過したことになる。現在、たいていの大学が独自に持つ合宿型セミナー・ハウスの原型なのである。

東京オリンピックの翌年の一九六五年に完成した時、多くの建築家に強い印象を残し、半世紀以上経った今も見る人の目の奥を揺さぶる力はこの建物のどこから湧いてくるのか、それを考えてみたくて秋の一日、出かけた。

広い丘陵にアップダウンしながら散在する本館、宿泊、セミナー、集会などなどの諸施設を一巡して、私の目玉は二つの力に揺さぶられた。一つは、宿泊棟の配置で、いくつもの小さな棟が、独立しながらしかし手をつなぐように連続して一つの場を画している。子どものカゴメカゴメのようにとも、アフリカ原住民の集落のようにとも見える。吉阪隆正が自らいった〝不連続統一体〟である。もう一つは、中心施設となる本館（事務、食堂が入る）の建物で、ちょっと例のない形をしている。ピラミッドをひっくり返したようなというか建築には異例な逆三角型なのである。

この二つの特徴のうち、今回は逆三角型問題について、本館の前のガードレールに腰かけて、しばし眺めながら考えた。

地面から上へ軒から下へ、凹凸の激しい打放しコンクリートに視線をこすられながら、視線を壁面に沿って下ろしてくると、地面にいたったところでいつもと違う。いつもなら地面にあたって終わるはずの視線が、そのままの勢いで地面のなかまで入り込んでゆくではないか。

どうして止まらなかったのか。ここからが考えどころなのだが、もちろん第一の理由は逆ピラミッド型にあって、下のとがった巨大なカタマリを逆さに置けば地面にめり込んで当然、と脳はこれまでの長い体験から判断し、その判断に押されて視覚の印象は土のなかまで入ってしまう。しかし、それだけじゃない。もし地面のところが一段あって基礎状になっていたり、地面から少し上までを帯状にして基礎をしのばせるつくりにしていたらどうか。そこで止まるに違いない。

設計者は、逆ピラミッドの視覚的めり込み効果をそこなわないよう、建物と地面の接点を注意深くデザインしているのである。

②

丘陵の地形を巧みに生かした諸施設の全体配置といい、微地形まで傷つけないように木造で軽量化した（床面と支柱はコンクリート）宿泊棟といい、本館の逆ピラミッド視覚効果といい、吉阪はこの建物の設計にあたり、いちじるしく、

〃グラウンド　コンシャス〃

大地に対し意識的なのである。

日本の建築家で吉阪こそ、大地というものを意識し、自覚して設計した最初の人だった。正確にいうと、アントニン・レーモンドが先行し、レーモンドは〃近代の大地〃と説明して打放しコンクリートを使っているが、その視覚的な純度の高さからいうと吉阪に軍配が上がる。

では吉阪は建築家としていつ大地を意識したか。戦前、早稲田の建築の学生時代、モンゴルの草原で「一軒の小さな泥づくりの家」に出喰わし「その後いつまでも私の心をとらえた」、その体験からだが、もっと直接には、ル・コルビュジエのところに入った時だろう。当時、ル・コルビュジエは、マルセイユのユニテを工事中で、そのピロティの壁柱が逆三角形をしていた。ル・コルビュジエのピロティの壁柱がそれまでの垂直から逆三角形になるのはマルセイユのユニテが最初だから、吉阪は、ル・コルビュジエの逆三角型第一号からダイレクトに学び、学生時代からの「一軒の小さな泥づくりの家」との接点がル・コルビュジエの造形にはあることに気付いたのである。

③

④

③本館最上階の食堂
④本館の談話室。壁がふつうと逆に傾く
⑤階段のデザインは吉阪建築の胆のひとつ

⑤

香川県立五色台少年自然センター研修棟

浅田 孝＋環境開発センター、氏家隆正、加川 浩ほか

旧・五色台山の家

浅田 孝

所在地　香川県高松市生島町四二三番地
竣工　一九六五年
構造　鉄筋コンクリート造
規模　地上二階
建築面積　一一一二㎡

浅田孝を見たい！

こう書いても知らない読者だらけに違いないが、戦後の丹下健三を軸とする日本の建築界の動きを知るには不可欠の人物と断言できる。

近年、この時期への関心は世界的にも高く、大きな展覧会が開かれ、本も出ているが、しかし、浅田孝のことは顧みられていない。彼なくば、丹下は何度も落とし穴にはまっただろうし、メタボリズムも結成されなかった可能性が高い。

丹下の下で丹下の苦手な方面をもっぱら受け持ち、メタボリズムの陰で時代と社会の新しい方向を指示し、しかし一切表には立たず、自分の姿を見事に隠しおおせた。もし、戦後の建築界に黒幕というものを捜すとしたら、彼をおいてはないだろう。私は、昔、一度しか会っていないが、小柄で風采の上がらぬ人物の静かな口許から、発想も内容も新鮮な言葉が湧いて出るのに感銘を受けた。

浅田はレッキとした建築家としてスタートし、戦後のドサクサの時代に東大を出て大学院に進み、丹下の弟子第一号となり、丹下を支えるかたわら、わずかな数の自作を手掛け、その代表作が今回の旧・五色台山の家に他ならない。香川県の瀬戸内を見晴らす山の上に一九六五年に完成した青少年のための宿泊施設である。

設計の主旨は、「子どもたちが心の寸法を大きくして、自然と対話のできるような空間構成」。心の寸法とはこの人ならではの言い方だが、さて、心の寸法を広げるようなつくりはどこに現れているんだろうか。

①右手の遊具はイサム・ノグチによる
②大空間の中の核として正面のダクト用スペースがある

①

②

二階のプランに注目してほしい。これだけの大空間が外壁ラインに並んだ六本の柱に支えられ、外壁はすべて大ガラス。外壁ラインのわずかな柱と大ガラスで画される空間こそ、戦前、坂倉準三がパリ万博日本館で先駆し、それを見た可能性が高いミースが戦後、イリノイ大学のクラウンホールで完成させた、当時でいうところのユニヴァーサルスペース。

均質と無限定を特徴とするユニヴァーサルスペースこそ、数学を根本原理とし科学技術を駆使することを旨とした二〇世紀建築の到達点に他ならないし、現在も、妹島和世や西沢立衛はその流れの先端に立っているが、しかし、戦後、丹下はミースの空間を意識的に拒んでいた。ミースやグロピウスと対立的に、物の実在感と空間のダイナミズムを求めたル・コルビュジエの流れの後継者としては、均質と無限定だけではダメで、そうした均質と無限定な空間の広がりを束ね、秩序を与える核が必要、と主張した。丹下の弁証法的設計方法論に沿っていえば、核と軸線の二つを欠いた空間は人間的でも社会的でもない。

ミースはユニヴァーサルスペースこそ二〇世紀建築の到達点と信じて疑わず、最晩年のベルリン

⑤

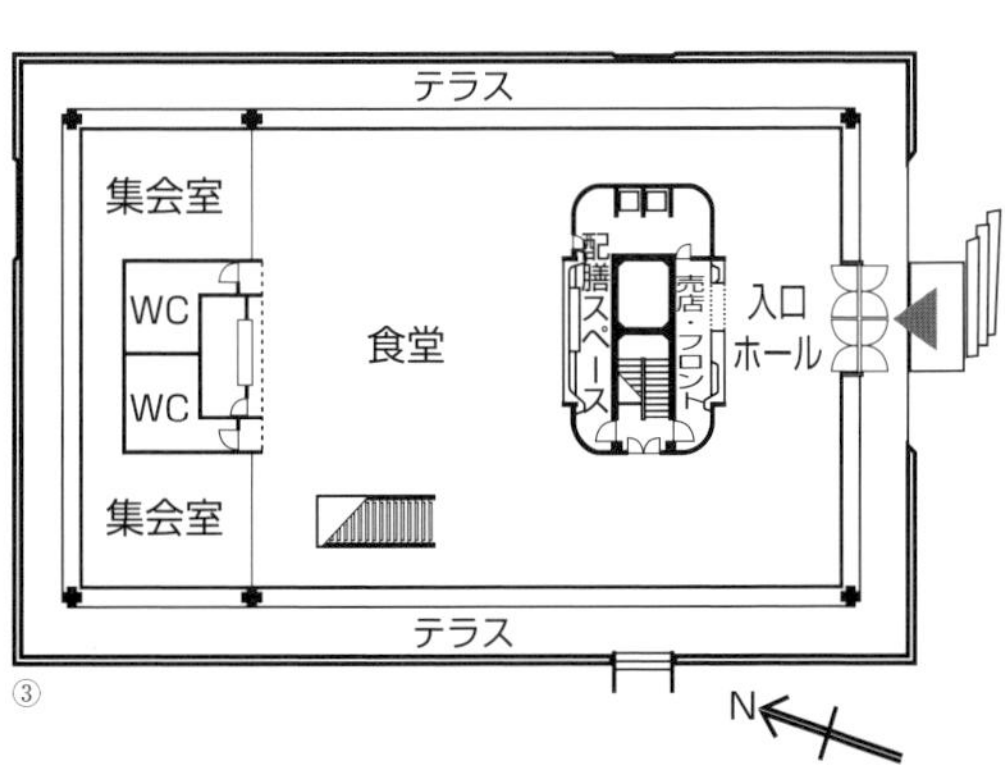

③

④

③ 二階平面図（当時）
④ 椅子は坂倉準三設計
⑤ 庭に置かれたイサム・ノグチの作品
⑥ 外に向かって思いっきり伸びる空間。浅田は技術の限界に挑むことを好んだ

⑥

美術館では世界最大のユニヴァーサルスペースを実現しているが、実際見てみると巨大さだけが目立ち、クラウンホールのごとき心に染み入るような質は蒸発している。

旧・五色台山の家こそ、丹下の主張に従い、ユニヴァーサルスペースを束ねる核を据えた実作だった。平面の正面寄りに置かれた階段とダクトスペースがそれにあたり、平面だけでなく、立面（外観）にあっても表現の核となるべく屋根の上に突き出し、そこを原点として陽光が差し込むように四つの屋根面をズラしている。

見通しと理論の人・浅田孝らしく平面も立面もつくられているが、しかし、実際に眺め、内外を歩き回ってみると、ユニヴァーサルスペースとの差は分からないし、なんだかル・コルビュジエ的なものとミース的なものの混成体のように感じられてしまった。

なお、保存されている当時の木造の椅子は、浅田のデザインかと思ったが、あとで詳しい人に聞くと、なんと坂倉準三のものだった。なぜかは謎だが、この山の上の建築には、ル・コルビュジエ、ミース、丹下、坂倉が寄り集まっている。庭にはイサム・ノグチもやってきており、二〇世紀建築を考える上での一つの聖地ともいえよう。

見に来て良かった！

愛知県立芸術大学講義棟

吉村順三＋奥村昭雄

所在地　愛知県長久手市岩作字三ヶ峯一―一一四
竣工　一九六六年
構造　鉄筋コンクリート造
規模　地上三階
敷地面積　四六万㎡
延床面積　二三一六㎡

吉村順三

吉村順三は無口な人柄だった。どうしてそこをそのようにデザインしたんですか、とうかがうと、しばらく考えてから、「気持ちがいいでしょう」と一言。その先はない。私のような建築史稼業泣かせの人だった。もっとあれこれ書いたり論じたりしてくれたらよかったのに。

いうまでもなく木造住宅に定評があり、軽井沢の家（一九六二年）などは二〇世紀木造住宅の傑作であり、二一世紀の木造住宅に影響を与えつづけるに違いない。丹下健三や前川國男に代表される戦後モダニズムの主流からはちょっとズレたところに位置取って主流を眼光鋭く見据えていた、という歴史光景なのだけれど、一度だけバリバリの戦後モダニズムをやった。ピロティと打放しコンクリートの組合せである。

ピロティ＋打放し＝ル・コルビュジエ

という定式が二〇世紀の世界の建築界にはある。戦後の日本のモダニズムにおいても、ピロティ＋打放しは丹下の広島ピースセンターはじめ主流派のお家芸にほかならない。そのことをよく知る吉村がどうして丹下や前川に一回りも二回りも遅れてわざわざ愛知県立芸術大学でピロティ＋打放しをやったのか、私は長いこといぶかしく思ってきた。それも、おそらく世界最長のピロティ建築を。吉村ファンのなかにもなじめない感じを持つ人は多いのではないか。

①

① 中央に講義棟がそびえ、周囲に諸室が広がる理想的なキャンパス
② 丘の上のパルテノン。壁画は片岡球子

②

で、この連載の機会を得て、見に行ってきた。

名古屋の郊外の起伏の多い丘陵地帯にキャンパスはある。坂を登り切り、右手斜めやや上方に突然現れた講義棟の姿を見て、長年の疑問は氷解した。講義棟こそピロティ+打放しの張本人なのだが、坂を登り切ると右手斜めやや上方にこっちに向かって突き出す姿はそのままギリシャのパルテノンと一致するのだ。

吉村は、はじめて敷地を訪れた時、アプローチに向かって伸びてくる尾根を見て、〝この尾根の上に中心の建物を置こう。パルテノンのように〟と決めたのではないか。二〇世紀のパルテノン。とすると、誰が考えたって、どう考えたって、ル・コルビュジエのピロティ+打放し、しかないだろう。

なぜなら、私見によれば、ピロティ+打放しは、パルテノンから導き出された二〇世紀のデザイン原理にほかならないからだ。

ピロティの特徴は、独立柱が林立することだが、もちろんパルテノンの列柱と同じ。打放しは、パルテノンの大理石の二〇世紀バージョン。ル・コルビュジエがパルテノンを見て、それまでの画家志願をやめ建築を目指すことになるのはよく知られているが、その時から、彼には、二〇世紀の技術と表現でパルテノンをつくりたいという願いが生まれ、その願いがやがて打放しの柱で建物を空中に突き上げるというデザインに結実した。

ではどうしてル・コルビュジエ本人はむろん丹下や前川もピロティ+打放しを実現しているというのに、周回遅れにもかかわらず吉村はやる気になったんだろう。おそらく、ル・コルビュジエ

③

④

のユニテも前川の神奈川音楽堂も丹下のピースセンターも、敷地は平地に加え、アプローチは側面入りでゲート的になってしまい、記念碑性に弱点がある。丘の上に、こっちに向かって立つ、というパルテノンの印象深さは、吉村に与えられた敷地の特権だった。そのことに気付いた吉村は、周回遅れなど気にせず、二〇世紀のパルテノンというル・コルビュジエの夢を自分の手で実現しようと決めた、と私はにらんでいる。

ル・コルビュジエへのオマージュだった。吉村とル・コルビュジエの関係は吉村ファンの間ではあまり意識されていないが、若き日の吉村の建築家としての方向を決めたのはレーモン

⑤

ドが軽井沢につくったレーモンド夏の家（一九三三年）だった、と吉村夫人は吉村さんの前で私に証言した。学生時代の吉村はレーモンド夏の家でアルバイターとして毎夏を過ごしていた。そのレーモンド夏の家はル・コルビュジエのエラズリス邸案（一九三〇年）をパクリ、原案よりうまく実現したもので、ル・コルビュジエもそのことを認めた。

吉村は、ル・コルビュジエの幻の作品のなかで育った建築家なのである。

③講義室の天井は外観と同じカマボコ状
④十字柱の頂部が流れるように梁へと連続する
⑤アプローチを中二階に設けているのがうまい

黒沢池ヒュッテ

吉阪隆正

所在地　新潟県妙高市
竣工　一九六七年
構造　木造
規模　地上三階（計画時は一階がピロティ）
延床面積　一九八㎡（計画時）

①

吉阪隆正は、〝山小屋建築家〟と呼んでいいほど山小屋をたくさん手掛け、『私、海が好きじゃない』と題した随筆集も出している。もちろん一流の登山家でもあった。

どれを見ようか迷ったが、四角くない形を使った第一号である黒沢池ヒュッテにした。写真を見ると、多角体のドームを支柱の上に乗せたような特異な姿で、いかにも吉阪さんらしい。

日本のル・コルビュジエの弟子は前川國男、坂倉準三、吉阪隆正の三人が名高いが、後期のル・コルビュジエの影響を受けた吉阪だけは四角な箱形を嫌い、ダイナミックな造形を旨とした。

編集者が黒沢池ヒュッテの現在のオーナーの植木毅さんに連絡すると、「雪のなかの姿を見てほしい」という。黒沢池というから高原の池のほとりにでも建っているかと思ったが、妙高山の外輪山の上のちょっとした平地にへばりついているらしい。

まず、植木さんが営むナガサキロッヂに入り、建設の事情を聞く。

当時、山の出版で知られた朋文堂の小林銀一氏が、穂高に吉阪さん設計で涸沢ヒュッテを建て、これが大当たりした。妙高で旅館を営みながら、ガイドをしたり新道を切り拓いて登山文化の向上に努めていた植木青年も、妙高にもいい山小屋がほしいと思い、小林さんに頼むと快諾してくれた。そして、後に小林氏から譲り受けて今に至る。植木さんは吉阪さんに会ったことはないが「キノコをイメージした」と聞いている。

あの特異な外観はキノコだったのか。

翌日、朝早く起き、ヘリに乗り、小屋に着いた。

雪のなかの小屋を見てほしい、とはこのことだったのか。脇まで埋まる厚い雪にたまげ、編集者がカンジキを用意してくれた意味を理解し、吹雪の先を見ると、山側半分が雪に埋もれた吉阪マッシュルームがあった。

自然の威力と時に戦いながら、時に和解しながら存在する山小屋という人工物。

キノコ型にしたのは、一階は埋もれても宿泊に供する二〜三階は大丈夫なように。それともう一つ、植木さんによると、風上側が雪に埋もれてもその分、風下側の雪は浅くなり、出入り口が雪に埋没せずに済むから。

身の丈をはるかに越える雪の下にもぐるようにしてなかに入る。今は囲われて部屋と化しているが、建設当時はキ

①雪のなかの山小屋
②鉄と木の力強い組合せ

②

ノコの傘の下のピロティ的部分。

粗く荒い打放しコンクリートの土台の上に、檜丸太の柱が斜めに乗り、鉄の帯金で留められている。その立ち上がる斜めの柱の途中から、さらにもう一本、同様の柱が反対側へと斜めに立ち上がる。

久しぶりに、背筋がゾクッ。

なかに入り、二階に上る。ゾクッ、ゾクッ。

檜の丸太の集積回路のなかに、昆虫になって入り込み、這いずり回っているような気分になる。まず大量の丸太があり、その隙間を借りて建築の空間が成立している。

縦、横、斜めに走る大量の丸太に包まれた内部が、津波による丸太と木材のゴミのなかのようにならずに済んでいるのは、ひとえに直上から差し込む光の力による。上から垂直に降りる光の筒が、丸太たちに秩序を与え、一つにまとめている。

建築には〝物が先か空間が先か〟という本質的な問いがある。ル・コルビュジエは、二〇世紀の建築家のなかでは例外的に物に対し敏感な人だったが、吉阪もそうだった。ル・コルビュジエに出会う前からそうだったのは、学生時代に書いた文を読めば分かる。

吉阪は、物の集積に秩序を与えるのは光であることを知っていたに違いない。妙高は山岳信仰の霊場。神の宿る岩の山。その岩の上に集積する檜丸太という物。その丸太

③

たちに秩序を与える上から下降する光。妙高が信仰の山であることを、吉阪は意識していたかどうか知らないが、冬、岳人たちが去った後、このキノコのような建築の室内に、山の精霊が降りて来て一休みしたとしても変ではない。

③三階。角材は後で補った
④山小屋ならではの材の粗い接合
⑤円陣を組んで寝る

⑤

④

料亭河文 水鏡の間

谷口吉郎

所在地 愛知県名古屋市中区丸の内二―一二―一九
竣工 一九七三年
構造 鉄筋コンクリート造
規模 地上一階
室構成 広間（三五畳＋床の間、床脇）、次の間（一二畳）、広縁、他

河文（かわぶん）を見たいと思った。

尾張名古屋の河文といえば、江戸時代からの由緒を誇り、日本の料亭界の重鎮ともいえる老舗だが、私が見たいと思ったのは、一九七三年に谷口吉郎が手がけた〝水鏡の間〟。

理由は、木造モダニズムへの関心から。日本の二〇世紀モダニズム建築には世界に例のない一群があって、木造でモダニズムを試みただけでも異例なのに、伝統の木造建築とモダニズムの間に接点を見つけることに成功し、すぐれた実績を残したのである。

たとえば、堀口捨己は、桂離宮の軒と縁のあたりに、具体的にはかの月見台を代表として内外空間をスムーズにつなぐ美質を発見し、生涯にわたって試みつづけ、代表作〝八勝館 御幸の間〟（一九五〇年）を名古屋に残している。

谷口の〝河文 水鏡の間〟を見たいと思ったのは、谷口が木造の伝統のなかに何を発見していたのか、これまで私はシカと認識していなかったからだ。なんだか取っつきにくく感じられ、正面から向き合うのを避けてきた。戦後すぐの藤村記念堂（一九四七年）にはただならぬ質を感取しながら、以後の作は敬遠気味にやりすごしてきた。

①

②

①“水鏡”とは池をさす。水面の光の反射をねらっている
②左手に障子を立て、そこに池からの光が映る
③②の中央奥に見える茶室の待合的ベンチ

③

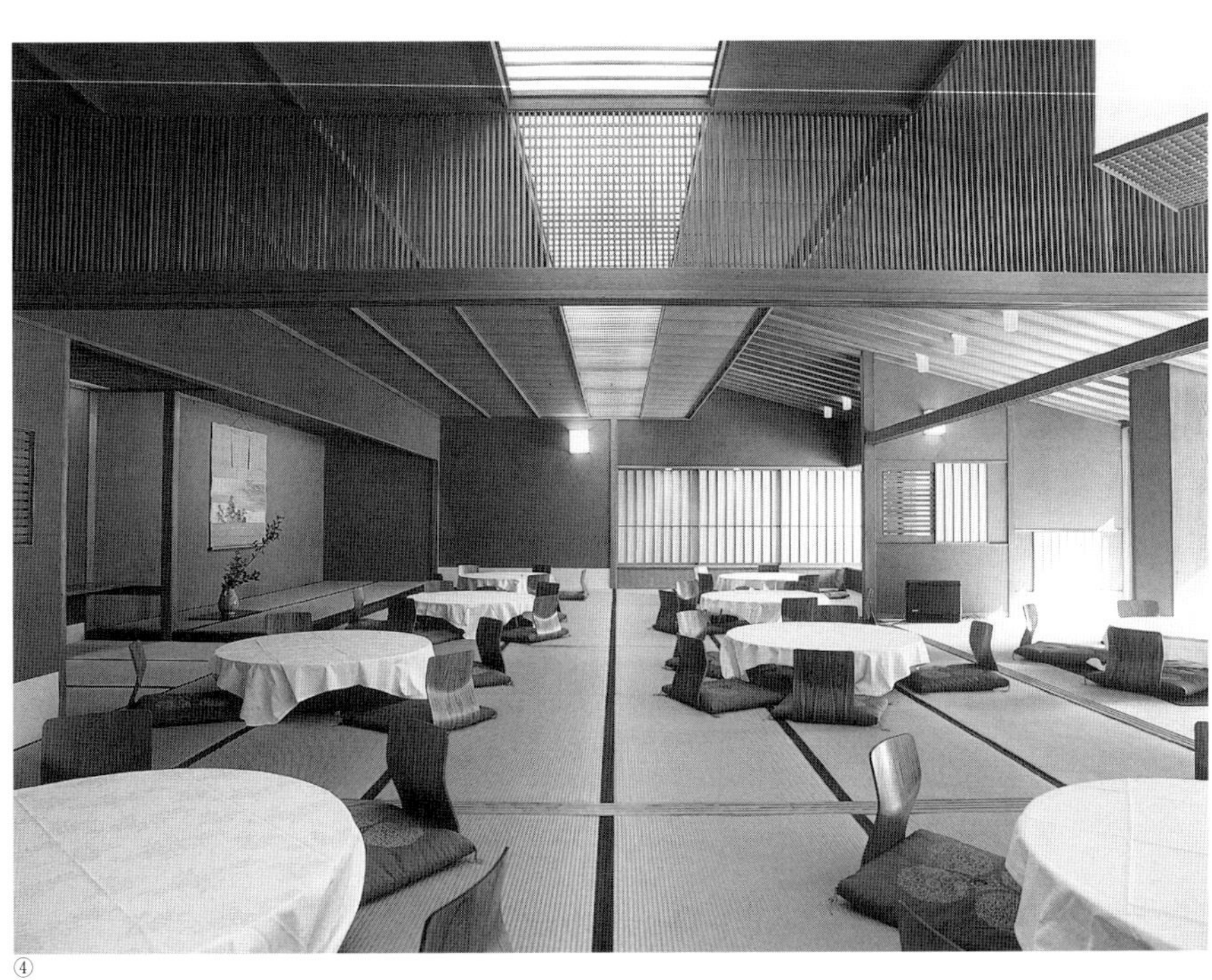
④

延ばし続けた宿題に取りかかるべく、このたび初めて水鏡の間を見た。

一巡してまず気づいたのは、堀口捨己との違いで、堀口のように内外をつなぐ〝軒と縁〟の空間への関心が薄い。水鏡と呼ぶ池が部屋の前には広がるが、室内からの連続化を試みていない。ぬれ縁的な平らな石はあるものの、段差は大きいし、軒先には視線の動きをここで止める掛けスダレ状のスクリーン。

内外の連続性を、人の動作でも試みていないことは、池の形状から分かる。プールのような形状をしており、縁に出て庭を眺めるようには設定されていない。伝統型建築で池をつくりながら、こんな池ははじめて。なんのために池をつくったんだろう。謎。

池の謎のほかにもう一つ、意外な印象を持った。なんとも取りとめがない。この建築はここから見てほしい、という定点が設定されていない。堀口の御幸の間なら、床の間を背に、真正面を向き、そのままスーと視線を伸ばし、縁、ぬれ縁、竹簀の子を越して庭の築山まで届くよう、すべてのつくりが設定されているのに、そういう軸線的なものがない。

右に動き、左に座り、前に歩み、また退る。広いお座敷のなかをあっちに行ったりこっちに来たり、正面を見ても、横を見ても、なんとも定点が見つからない。写真家泣かせ。カメラは一点からの一方向しか定着できない。

うろうろしながら二つのことに気づいた。

一つは、格子の多用。タテ・ヨコの組格子ではなく平行線によ

④ 格子状の障子と格子がいたるところにある
⑤ 通路の先では障子が迎えてくれる

⑤

る格子。開口部のいたるところにある、といった程度を通り越して、天井の棹縁(さおぶち)まで明らかに平行線を強調して格子との共鳴を計る。

格子とは、人の視線の〝透け〟。

もう一つは、障子の多用。日本の建築なら多用は当たり前と思われるかもしれないが、こんなに印象深くは演出しない。最初に通る廊下からして、タテ格子の障子的つくりで迎えられた。

障子と襖の開け閉(た)てで、人の動きも視線もどうとでもなってしまう。そういう建築であることに気づいて、最初に感じた取りとめのなさ、定点のなさ、の謎が解けた。

障子と襖とは、人の移動の〝透け〟。

格子と障子を一緒にすれば、透け透けコンビが組めることを谷口は知っていたのではないか。その証拠に、水鏡の間のすべての障子は、横桟のないタテ格子状の桟となっている。

谷口が日本の伝統の中に発見したのは、一言でいうなら、障子。思い返すと、藤村記念堂も、障子が主役を張っていた、というか、障子で囲った通路しかないような不思議な建築だった。

ここまで来て、やっとプール状池の謎が解けた。竣工時に発表した写真で分かるように、水面からの柔らかい反射光を障子に当て、障子に主役を張らせる演出だった。だから〝水鏡〟。

Group 4

戦後モダニズムにおけるバウハウス派とコルビュジエ派の建築家たち

福島県教育会館／大髙正人（ミド同人）、一九五六年
出雲大社 庁の舎／菊竹清訓、一九六三年
東光園／菊竹清訓、一九六四年
アートプラザ（旧・大分県立図書館）／磯崎 新、一九六六年
寒河江市庁舎／黒川紀章、一九六七年
野中こども園（旧・野中保育園）／仙田 満、一九七二年
善光寺別院願王寺／山崎泰孝、一九七五年
名護市庁舎／Team Zoo象設計集団＋アトリエ・モビル、一九八一年
笠間の家／伊東豊雄、一九八一年
海の博物館／内藤 廣、一九九二年
国立劇場おきなわ／高松 伸、二〇〇三年
ラムネ温泉館／藤森照信＋入江雅昭（IGA建築計画）、二〇〇五年
たねやラ・コリーナ近江八幡／藤森照信＋中谷弘志、二〇一四年

日本の戦後モダニズムを象徴するのが丹下健三と代々木のプールとするなら、それ以後はどのように展開するのだろうか。

丹下以後の日本の建築は丹下の影響が強すぎて目が眩むが、いったん丹下を外して眺めると、面白いことに気づく。

丹下の強い影響下に出発した建築家も意外に一色ではない。そのデザインに着目すると、たとえば槇文彦と磯崎新の作品を同じ系統の建築として扱うのは無理がある。丹下というタガを外して少し遠くから眺めるなら、槇はバウハウス派に、磯崎はコルビュジエ派に分けたほうがいい。二十数年になるが、戦後のバウハウス派を〝白派〟、コルビュジエ派を〝赤派〟と名付けて二人に話したところ、さいわい二人とも否定せず、むしろ関心を示してくれた。

思想の奥に数学を置き、面と線で構成し、理念的には抽象性を、感覚的には細く薄く軽いことを追求したのがバウハウスであり、この流れは、やがて鉄とガラスの超高層を生む。

バウハウスに始まる白派を、戦後にたどるなら、まず清家清がいて、次に槇文彦が現れ、谷口吉生が続き、やがて妹島和世と西沢立衛にいたる、とみなしていいのではないか。

二〇世紀を科学技術の時代とするなら、科学技術を支える数学に基づいて建築に抽象性を求めるバウハウス派＝白派が二〇世紀建築の本流にちがいない。

バウハウス派＝白派が、誕生以来一〇〇年してたどり着いたのが、槇が9・11跡地に建てた4WTCではないか。抽象性を追求したガラスの超高層が、ついに空に届いて消えた。

主流であるバウハウス派＝白派とは対比的に、コルビュジエ派＝赤派は、数学的秩序が建築表現を支配することを嫌う。歴史的に正確にいうと、ル・コルビュジエは当初、バウハウスと同じ道を歩んでいたが、一九三二年のスイス学生会館において、〝白い箱に大ガラス〟を離れ、自由な曲線や曲面、打放しコンクリート、自然石の使用へと舵を切る。抽象性を止めて物の存在感を求め、ここに赤派は始まる。

しかし、同時に難問が発生する。存在感を生むのは、具体的な物であり形であり、その背景には自然があり文化がある。スイス学生会館を生んだのは、地中海の自然でありギリシャの造形文化であった。

とするなら、自然と文化は、国ごとに、地域ごとに分かれてあるから、白派のように一本線ではなく、赤派は自然と文化の数だけ、具体的には建築家の数だけ分かれて発生しうる。

大高正人、磯崎新、黒川紀章、菊竹清訓、象、山崎泰孝、仙田満、内藤廣、高松伸、藤森照信、これら赤派の面々は、「建築家の数だけ分かれて発生した」のかもしれない。

福島県教育会館

大高正人（ミド同人）

所在地　福島県福島市上浜町一〇―三八
竣工　一九五六年
構造　鉄筋コンクリート造
規模　地上二階
敷地面積　六四九六㎡
建築面積　一八四八㎡
延床面積　二五一一㎡

阿武隈川のほとりに建つ大高正人の福島県教育会館である。といってもピンとこない読者の方が多いかもしれないが、戦後復興期の建築界をいろんな意味で象徴する建物であった。

まずその社会的象徴性から。

施主は福島県教員組合（県教組）で、敗戦の反省から、〝平和と民主主義〟を旗印に立ち上がった先生たちの一人毎月一〇〇円の積立金を基に、組合員と市民が使う文化会館としてつくられている。労働者が市民の文化向上のためにつくったのである。

この建物に関わった建築家や建築評論家の当時の言葉を建築雑誌に拾うと、「民衆の生活のエネルギー」（大高正人）とか「民衆の逞しい生活力を反映するもの」（足立

②

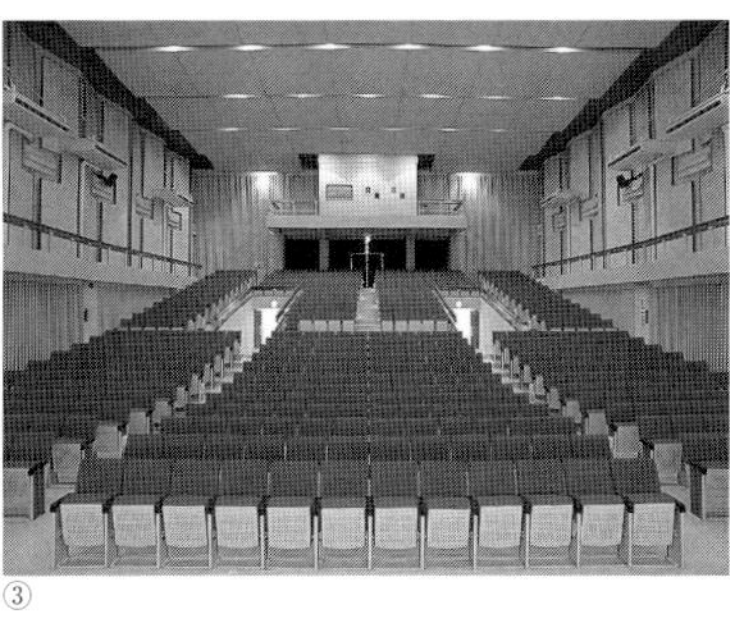
③

①

光章）とか「半封建的資本主義の矛盾が鬱積する地方社会の悪循環に、打込まれた楔としてこの平和の箱の発展を期待したい」（ミド同人）とか出てくる。

敗戦後の焼跡の上に、まず飛び出して走ったのは丹下健三で、広島ピースセンター（一九五五年）によって新しい建築の時代の開幕を告げた。そして、第二弾として続いたのがこの建築なのである。

第一弾のピースセンターをめぐっては、「伝統論争」が起こって、〝伝統とモダニズム表現の関係〟が語られた。ピースセンターなんだから〝平和と建築〟が語られるのがふさわしかったと思うが、なぜか語られていない。

ヒロシマは〝平和〟とはつながっても、戦後のもう一つの大命題であった〝立ち上がる民衆〟〝社会主義的変革〟とはつながら

①左手が折板とシェル、右手は柱梁。コントラストが効いている
②折板壁
③ホール内部

なかった。そして満を持すようにして社会主義と民衆が取り上げられたのが、県教組が民衆のためにつくったこの建物だった。

ピースセンターを「伝統論」として、福島県教育会館は「民衆論」で、こういう順を考え、建築界に仕掛けたのは『新建築』の編集長の川添登だった。この建物をめぐっては、大高正人、川添登をはじめ誰もが社会主義的発言をしているが、それは当時の建築界の若い連中の一般的傾向で、例外は丹下健三くらい。

でも、今、この建物を見て「民衆」を想起する人はいないだろう。戦後の歴史の中で、「民衆論」は阿武隈川に流れて消えた。

民衆論が消えたからといってこの建物の歴史的意味までなくなるわけではない。

ポイントは左手の講堂にある。壁がジグザグに折れ曲がり、その上には大きく波打つ屋根スラブが乗る。ジグザグは〝折板構造〟で、波打つのは〝シェル構造〟。折板とシェルのコンビは、九年前に開かれた広島の世界平和記念聖堂コンペの前川國男案で提案されているが、その時スタッフとして働いた大高が、実現したのである。

折板とシェルのコンビには、当時ならではの歴史的意味があった。

戦後復興を告げる第一弾は丹下のピースセンターだった

④

⑤

と先に書いたが、その構造は打放しコンクリートによる柱梁構造だった。柱と梁の垂直と水平による構造美である。丹下が第一弾で実現し、これによって丹下は世界のタンゲへの道を歩み始めるが、一つ難点があって、大空間には使いにくい。美学上も、ダイナミズムには欠ける。この難点を鉄筋コンクリート構造の枠内で克服するには、折板とシェルという〝面の構造〟によるしかない。

丹下とそのライバルの前川國男グループのどっちが先に実現するのか、建築界はかたずを飲んで見守っていた。先行したのは丹下で《広島子供の家》ほかをシェルでつくるが、折板とコンビではなかった。

コンビは前川國男グループの大髙正人がトップを切るのである。

この建物の右手の方は柱梁の打放し構造になっているから、左右合わせれば、折板、シェル、柱梁、と戦後の鉄筋コンクリート構造のすべてが集結した。

「民衆論」ではなくこれが、福島県教育会館の歴史的意味である。

④ 打放しコンクリートによる柱梁の今でも清楚で美しいロビー空間
⑤ 林立する美しい打放しコンクリート柱

出雲大社 庁の舎

菊竹清訓

所在地 島根県出雲市大社町杵築東一九五
竣工 一九六三年
構造 鉄筋コンクリート造
規模 地上一階・一部中二階
延床面積 六三一・〇二㎡
※二〇一六年解体

菊竹さんを見たいと思った。丹下健三に続く次の世代のホープは、私が直接聞いた限りでも、丹下さんも槇文彦さんも磯崎新さんも二川幸夫さんも川添登さんも認めていたことだが、菊竹清訓だった。

もちろんちゃんとした理由がある。若いうちから、堂々たる傑作を立て続けに実現し、世に問うていたからだ。

スカイハウス（一九五八年、三〇歳）
海上都市計画（一九五八年）
出雲大社 庁（ちょう）の舎（や）（一九六三年、三五歳）

東光園（一九六四年、三六歳）

こうして同世代を圧倒していた菊竹さんが、途中からスピードを落とす理由について、私は、例の「か・かた・かたち」の設計三段階論あたりにあると考えてきた。造形感覚の天分が、科学的方法論にやられてしまったのではないかと。

でも、違うようだ。「か・かた・かたち」の全盛期、菊竹事務所に入って「か」のグループに配属された伊東豊雄に聞くと、「途中までは科学的方法で設計を進めても、最後の最後で、全部ひっくり返し、一日でやり直したりした。表現する者の狂気を見るようだった」。

科学的方法より狂気の方が上回っていたのだから、私の推論は正しくない。

建築史家としては考え直さなくてはいけない。で、菊竹さんを見

②

①

① 打放しの壁体には矢羽根風な紋様が付く
② "庁の舎"とは庁舎（オフィス）のこと

③

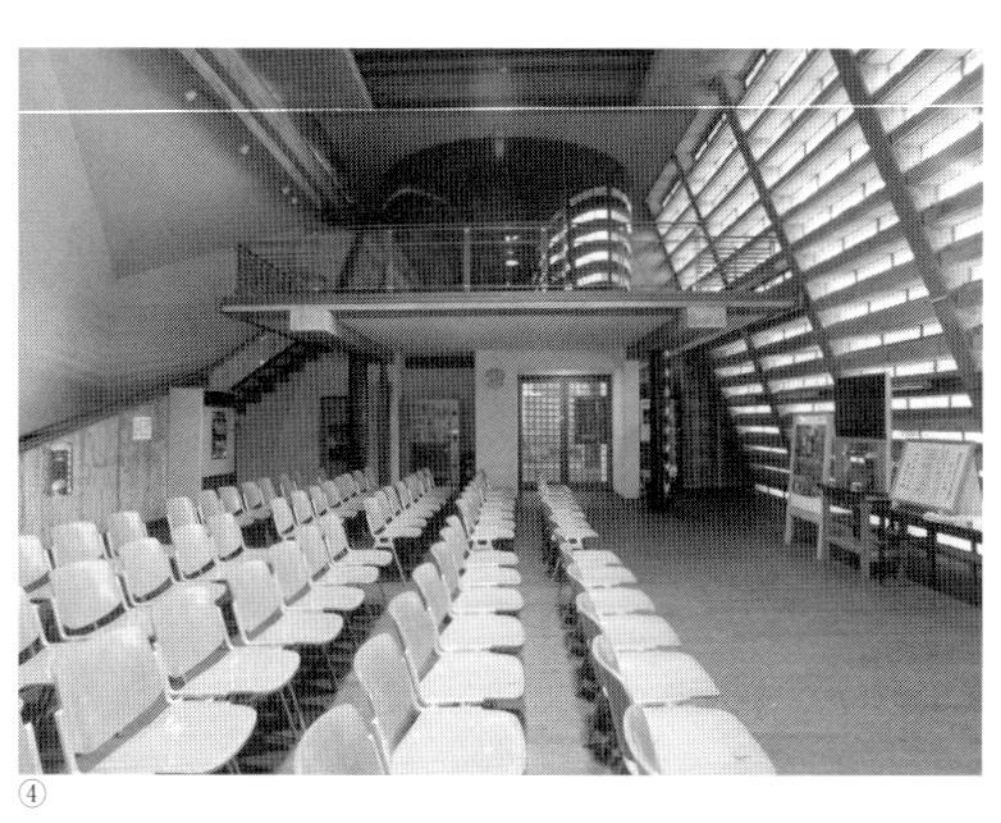
④

たいと思った。もちろん何度も見ているが、今回は出雲。大社の屋根が葺き替え中というから、それも見たいし。

何度見てもやはりいい。鉄筋コンクリート打放しの現代建築でありながら、大社の環境とちゃんとした関係を保っている。大社の建築とは必ずしも馴染んでいないが、大社の境内の白砂利敷きの地面と、杉の巨木老木の緑とは合っている。

理由を考えた。まずポイントは、全体の形にある。山形をしている。それも地面から生え出たような山形をしている。この形について、菊竹さんは、出雲平野の田んぼの〝稲掛け〟からインスピレーションを得たと語っているし、実際その通りに違いないが、境内の環境に合う形を探していて、山形の稲掛けを発見したのではあるまいか。なぜなら、山形は、大地や山や樹々の姿と親和性が強いからだ。

次のポイントは、造形の〝小割り〟にある。放っておくとどうしても塊化しやすいコンクリートを、プレキャストによって細く薄くし、取り付けている。小割りによって、周囲と響き合い、溶け合う。近年、隈研吾さんが好んで使うルーバーの効果で、元をたどるとル・コルビュジエのラ・トゥーレット修道院（一九六〇年）に行き着く。

この小割り効果を、菊竹さんは、ル・コルビュジエも思わぬところに使った。構造の大壁である。ふつうならただの平らな打放しにするところ、凹凸を付け、斜線の紋様を浮き立たせた。このやり方のインスピレーションの元は、丹下の香川県庁舎（一九五八年）の池の側壁の〝デコボコ斫(はつ)り〟に違いないが、丹下と違い、はっきり矢羽根状の紋様として使っている。まだ同時代の他の事例をチェックしてないが、コンクリートの打放しの壁面に装飾的な紋様を浮き立たせるという工夫は、この建物が最初ではないか。

そんなことを考えながら、なかに入り、のんびり見渡しながら、建築探偵の目は、室内階段の手すりの細部へとピタリ。

読者におかれても、写真をよく見てほしい。出雲大社庁の舎のデザインのなかで、あるいは菊竹清訓建築のなかで、もっというと戦後モダニズム建築のなかで、この手すりのデザインには明らかに異質なものが混じっている。

そう、村野藤吾。

戦後モダニズムを拒否した村野の装飾的細部のつくりなのだ。

菊竹さんから、〝大学卒業後、まず竹中工務店に入り、すぐ村野さんに呼ばれ、一年ほどいて辞した〟事情について聞いたことはあるが、まさか、こんなところに村野さんの影響が隠れていようとは。壁の矢羽根の装飾紋様も、村野さんの秘かな血流なのか。

日本の戦後モダニズムも奥は深い。

③こうした荒々しい造形を当時はブルータリズムと呼んだ
④庁の舎内観
⑤村野藤吾の血脈を継ぐ手すりの装飾的細部

⑤

東光園

菊竹清訓

東光園本館（天台）
所在地　鳥取県米子市皆生温泉三―一七―七
竣工　一九六四年
構造　鉄骨鉄筋コンクリート造
規模　地上七階地下一階塔屋三階
延床面積　三三五五㎡
備考　国指定登録有形文化財（二〇一七年）

《東光園》を、菊竹清訓の今に至る長い建築歴の一つのピークとする見方がある。一九五八年の《スカイハウス》と《海上都市》にはじまり、一九六三年の《出雲大社庁の舎》を経て、一九六四年の東光園に至る初期菊竹のピークというのである。

確かめねばなるまい。まだ見たことがないので、行ってきた。

東光園は、鳥取県米子の皆生温泉の老舗旅館で、日本の温泉には珍しく山あいではなく美保湾を臨む砂浜の上にある。あたりは松原。温泉街に入ると、遠目にも分かる。ふつうのビルとはまるで違う彫刻のように凹凸する建物が、七階なのか八階なのかどうも階数は

①柱梁の鉄筋コンクリート打放し美学のひとつのピーク作品
②二段目のピロティ。梁と添え柱の上に隙間がある

①

はっきりしないが、スラリと建っている。

車寄せから中に入ると、視界は進行方向にスッポリ抜ける。受付のカウンターなど見えず、抜けた視線の先には、ちょっと沈んだラウンジの頭越しに、水と緑と石の広々とした庭園が広がる。その先は浜辺。あたりを見回すと、ピロティの形式を生かしたつくりであることが分かる。要するに、グイと二階以上を持ち上げている。

外から見て階数がはっきりしない理由は、一階からエレベーターに乗り、三階の上の階に出て分かった。三階の上は階ではなく、庭というか、展望台というか、そういうオープンなスペースとなっている。

このオープンスペースの上に、さらに五階から七階までの三階分が重なるから、何階なのか分からなくなるのである。ピロティでグイと持ち上げた上で、さらにまたグイと持ち上げた二段ピロティ。オリンピックの重量挙げのような光景といえばいいか。

戦後、丹下健三の広島ピースセンターを口火として、ピロティという珍しいつくりが、空襲の後のバラックの町の上に建ち上がり、日本の復興を象徴する建築形式として世に認知されてゆくが、二段ピロティはこれが初。初にして絶後。

ピロティに立って、すぐ上の階を床下から眺めると、奇妙な現象に気付く。ピロティの柱と柱の間にかかる大梁の上に上の階の床が乗っていない。大梁と床の間に隙間があいている。

ハハン、これだナ。大梁に乗っていないのは上から吊っているからで、そのことを示すため、わざわざ隙間を一筋あけたのだ。このことは昔の雑誌で読んで知っていた。

いったんグイと持ち上げた上階から今度は吊り下げる。スカイハウスで当初提案しながら、結局実現しなかったアイディアがここで実現している。

二段のピロティ、吊り下げる床、こういう構造を可能にするには柱をよほど太くしなければならない。しかし太くすると、重苦しくかつ武骨になる。鉄筋コンクリートはた

③

⑤

④

だでさえ重苦しい。

菊竹はどうしたか。意外なところから突破口を拾ってきた。橋の下から拾った。橋の上から下を見ると、橋を支える本柱の脇に短い添え柱があって、本柱と貫でつながれ、フライングバットレスの役を果たしている。このやり方を鉄筋コンクリートの柱に持ち込み、本柱の回りに四本の添え柱を付けた。武骨さは残るけれど、重苦しさは相当減ずる。

二段のピロティ、添え柱付きの柱、こうした構造体のつくり方がそのまま表現になっている。いわゆる構造表現主義である。日本の戦後建築は、鉄筋コンクリートの構造表現主義によって世界に高く評価された。第一陣を丹下が切り開き、第二陣の代表が菊竹だった。

鉄筋コンクリートの柱と梁による構造表現主義には難題がつきまとい、どうしても全体の印象が重苦しくなってしまう。この難題を、東光園は、軽いバルコニーや窓の方立といった二次部材を、精妙なプロポーションと配置で構造の回りに取り付け、克服している。

大胆な構造と精妙な細部、この両立が初期菊竹の生命線だった。東光園は確かに初期のピークに違いない。

③添え柱付きの柱とロビーのラウンジ
④和室は素直に伝統的に
⑤最上階展望室のＨＰシェルの屋根とトップライト

アートプラザ

磯崎 新

旧・大分県立図書館

この磯崎新の代表作が発表された時のことは今でも覚えている。すでに重要な作品を二、三発表していたが、それらには欠けていた大上段に構えた理論付きで発表されたから、当時の頭デッカチの建築小僧どもの脳みそと目玉とハートを激しく打ったのだった。

その理論とは〝プロセスプランニング〟。結果よりは過程が大事というか、物がつくられてゆく過程と出来た後の変化の過程の両方をデザインする、そんな考え方だった。

というとメタボリズムを思い出すが、その通りで、数年遅れの磯崎版メタボリズムだった。磯崎さんに聞くと、メタボリズムの結成の時、参加するよう求められたが、なんとなく違和感があり断ったという。

違和感の原因は、今となって初めて分かるのだが、磯崎青年のなかに巣食うニヒリズムというか御しがたい内部矛盾というか、そういう困ったものが磯崎青年をしてメタボリズムの楽天性から遠ざけた。メタボリズムは、時代も社

所在地 大分県大分市荷揚町三—三一
竣工 一九六六年 **構造** 鉄筋コンクリート造
規模 地上三階地下一階
敷地面積 三六六六・七㎡
建築面積 一五九九・九四五㎡
延床面積 四〇八一・五五一㎡
備考 国指定登録有形文化財（二〇二二年）

①

会も経済も、二〇世紀の科学技術の力によって明るく元気にどこまでも発展してゆくという見通しに立ち、その見通しをデザインで先取りしようという動きだった。

楽天性への違和感からメタボリズム参加を断った磯崎青年だが、建築の過程をデザインし、時間の変化に応じる設計には関心を持ち、そこで打ち出したのがプロセスプランニングであり、旧・大分県立図書館だった。

何度も訪れているが、この度、入口から入ってすぐ右手の壁際に一つの小さな胸像が置かれているのに気付いた。地元出身の三浦義一の像で、母の喜寿だかの記念にこの図書館を建てて寄附するとの言葉が付いている。

しばし見入った。あの話は本当だったのだ。当時、まだ大学院を終えたばかりの磯崎青年がなぜ県立図書館などという大作を手掛けることになったかについて、二川幸夫から次のような話を聞いていた。

三浦が磯崎青年を設計者として指名したのは、磯崎家と三浦との縁がもとで、戦前のテロを含んだ右翼の元締めとして名を馳せた三浦義一は、磯崎の父とも祖父ともつながりがあり、その縁で磯崎家の息子を指名した。丸ビルに一

①空調のダクトを兼ねた太い大梁が走る。ブルータリズムの表現
②正方形と立方体をベースとする美学は、きわめて非日本的

②

③

④

⑤

③右手上に空中歩廊が走る
④ホールの光景。ガランドウ感が漂う
⑤空中歩廊

室を構える三浦のもとに磯崎があいさつに出掛けた時、二川も同行したが、天照大神と書かれた軸の掛かるガランとした広い部屋の中央に座る三浦は「お前が磯崎の息子か」と一言いい、磯崎が「ハイ」と答えると、それで設計の発注は終わりだったという。

幼児の磯崎は、地元有力者の家の子ではあるが、崩壊した家庭環境のなかで育っている。中学校時代の親友だった作家の赤瀬川隼さんに聞くと、「磯崎の家は、おじいさんが市議会の議長を務めたような地元では有名な家で、大分の港湾がらみの運送業をしていたが、中学生の目にはなんだかよく分からない家だった」。磯崎さん自身は日本経済新聞の私の履歴書の中で、「花と竜の世界でした」と述べている。そうした幼時と少年期を過ごし、青年期に差し掛かったところで敗戦。

鋭敏で頭のいい青少年磯崎の心の底に、以上の体験は深く沈殿したことだろう。

旧・大分県立図書館を初めて見た時、その力強さと柄の大きさに感動した。師の丹下にも、同世代のメタボリストたちにもない独特の質である。日本離れした質といってもいい。

でも、今回、何回目かの探訪を果たして、力強さと柄の大きさの背後に〝ガランドウ〟があるように思った。空虚のキョ、廃墟のキョが潜んでいる。世界の戦後建築史を見渡しても、こうしたキョを胎む建築は見たことがない。

私の受けたキョの印象が正しいとすると、それを磯崎の建築表現にもたらしたのは、建築家になる以前の大分での体験ではなかったか。

寒河江市庁舎

黒川紀章

所在地　山形県寒河江市中央一―九―四五
竣工　一九六七年
構造　鉄筋コンクリート造、一部サスペンション構造
規模　地上五階　**敷地面積**　一万三一六〇・六八㎡
建築面積　一六三七・五㎡
延床面積　五〇〇八・七五㎡
備考　国指定登録有形文化財（二〇一七年）

一九六八年、東北大学の建築学科に進んだばかりの私は、この建物を訪れている。それも黒川紀章本人の案内で。建築学会の東北支部の創立何周年かを記念し、講演と見学会が開催され、講演は東大助教授の建築史家・村松貞次郎と売り出し中の黒川紀章が行い、見学会は黒川紀章が出来たばかりの山形ハワイドリームランドと寒河江市庁舎の二つを案内してくれた。

当時、黒川紀章は弱冠三四歳の青年建築家で、メタボリズムの旗手として社会的に広く知られ、その講演に強い感銘を受けた。案内してもらって見た二つの建物のうち、ドリームランドは安普請ばかり目についたが、市庁舎は印象深かった。

それから今年で五〇年。その間、私は東北大を出て東大の村松貞次郎のもとで近代建築史を研究するようになり、今は、村松先生とも黒川さんとも幽明境を異とする。ドリームランドは破産して解体され、市庁舎は保存改修されている。

その寒河江市庁舎をひさかたぶりに訪れるにあたり、大きな不安があった。見た当時は「印象深かった」のに、今見たらたいしたことなかったりしたらどうしよう。

タクシーを降り、建物の前に立って、当時の私の眼力を少し誇らしく思った。その後、建築史家として黒川作品を含め大量の近現代建築と〝ぶつかり稽古〟を重ねてきたが、寒河江市庁舎は戦後建築史に残るに違いないし、中銀カプセルタワーと並んで黒川紀章の代表作といって構わない。

①印象深い外観
②右手の斜路を上ると左手の正面玄関にいたる
③入口のドア把手は岡本太郎のデザインになる

①

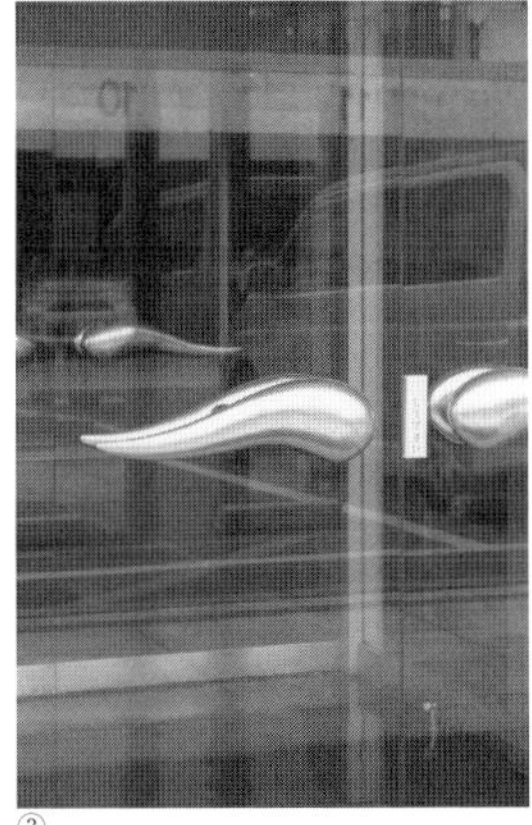

③

②

④

黒川の作品は、当時の若手のなかでは、たとえば菊竹清訓や磯崎新と比べれば分かるように、軽さと明るさを身上とし、その特徴がよく現れている。打放しコンクリートを使いながらコンクリートの重さと硬さが抜け、なかを歩くとカラカラと乾いた音が心地よく響く感じ。この感じは後にはカラッポ感へとつながってゆくが、この時期はまだ大丈夫。

どうしてこんなに軽々と上階部分が浮いて見えるのか。当時、キャンティレバーで上階を迫り出す鉄筋コンクリート建築は多かったが、七〜八mも出すともっと梁は太くなって武骨さは避けられないのに、どうしてこの程度の梁で保つのか。

考えているうちに、その昔、黒川が話した説明を思い出した。純粋な片持ち梁のように見えるが、そうではなく、上から吊っている。吊った分だけ梁は小さくなっている、と。この説明が記憶に残ったのは、将来の解体方法を次のように語ったからだ。

「メタボリズムは、建築の変化を前提にするから、この市庁舎も床を壊しやすく考えている。吊っている部分を爆破すれば簡単に床は落ちます」。

皮肉なもので、中銀カプセルタワーも寒河江市庁舎もメタボリズムの理論に従えば、とっくに新陳代謝を続けて別の姿形に変わっているはずなのに、前者は保存の必要が叫ばれ*、後者はすでに免震という高度な方法で保存改修工事が完了している。私が建築家の理論を真に受けないようになったのは、メタボリズムのおかげ。

表現だけでなく一階を議会として二階以上の市庁舎とは分け、二階には広い斜路で上がるというプログラムは上手い。広い斜路を上がると周囲を見晴らすことができるのもいい。なかに入ると、吹抜けのスケール感もいいし、中心に下がる岡本太郎の大シャンデリアのアクの強さが黒川の空間を引き締めてくれる。

今回訪れて、市庁舎の周りの都市計画について初めて気づいた。道は広く、直線で、歩道と車道は分離し、並木が整う。狭く曲がりくねる旧市街の外側に広がる田畑を区画整理し、そこに新しい市庁舎をつくる都市計画が、戦後、各地でなされているが、寒河江市庁舎もそうした戦後都市計画の一環として実現したのだった。

戦後モダニズムの都市と建築の理想を振り返るには、寒河江詣でをお勧めする。

*二〇二二年に一部別の場所に保存され、取り壊された。

⑤

④二階の市役所の吹抜け。ヒューマンなスケール感と明るさが特徴
⑤一階の議場

野中こども園

仙田 満

旧・野中保育園

所在地　静岡県富士宮市野中東町二九四
竣工　一九七二年
構造　軽量鉄骨造
規模　地上二階
敷地面積　七一〇三㎡
建築面積　五九二㎡
延床面積　六四七㎡

建築関係者であれば誰でも、建物が生き生き使われることを願うし、それが理想という人もいるかもしれない。でも、その割には、生き生きと使われている実例について話題になることは少なく、話題になるのはもっぱら新作か過去の名作ばかり。新作として世に出た後、どう使われているかなんて、建築界では実はほとんど話題に上らない。唯一の例外を除いて。

それが、旧・野中保育園。一九七二年に完成したとい

②

①

うから今から半世紀ほど前、仙田満の設計で実現している。

水遊びのシーズンに訪れようと思い、出掛けた。門から入ると、数本の柿の木の向こうに低い屋根の群れがわだかまっている。向こう下がりのゆるい傾斜面に沿って、身を伏すように、平屋の園舎が広がっているが、来訪者の目は、建築よりはどうしても子どものい

①子どもたちが一人ひとり自由に水遊び
②裏側の壁の内側に先生用の動線が隠れている

るシーンの方に引き寄せられてしまう。

　右手のプールのなかで、保母さんに見られながら、子どもが一人遊んでいる。どうして一人なのか？　左手の園舎の庭には水場があって、幼児が二人、保母一人。後で聞いて分かったが、その日のスケジュールは一応組んであるものの、いつどこで何をするかは園児の自由にまかされている。私たちが門を入ったのは昼寝の時間だったが、まだ遊び足りない子どもが一人プールに残っていたし、早く目が覚めた幼児が二人、水で遊んでいたのである。

　昼寝時間なので、邪魔にならないよう保育室を避けて、裏の通路的多目的空間を通り抜けた後、突き当たりの保育室にそっと入り、小さな階段を上り、中二階的小通路を背をかがめながら通り抜けつつ、保育室の昼寝シーンを眺め下ろした。多目的裏通路も中二階的小通路も見事なプランニングと思ったが、それ以上にこの建築のエッセンスに触れた想いがしたのは、昼寝中の子どもたちのシーンだった。子どもたちは眠っているのに、それでも、保育室には生気が立ち込め、充満し、空間が息づいているように見える。生き生きと使われるということは、こういう状況を指すのだ。

　設計するにあたり、仙田満は、一年間通って観察と体験を重ねたというし、実際、内部でも外部でもない「第三の空間」とか、明確な機能を持たない「すきま」とか、アジール的な「へそまがりの空間」とか、さまざまな工夫をしている。突飛な行動を引き出すための「舞台」とか、呼び掛けの装置としての「テラス」も含めれば、子どもたちのために、建築的工夫の限りを尽くしているといっていい。

　使う側に立っての建築的工夫の限りを尽くす建築家としては象（象設計集団）のグループが知られるが、結果は違う。象は限りを尽くして建物をつくっているが、実際に訪れてみると、使う側が限りを尽くしてはいないのが寂しい。つくる

③

④

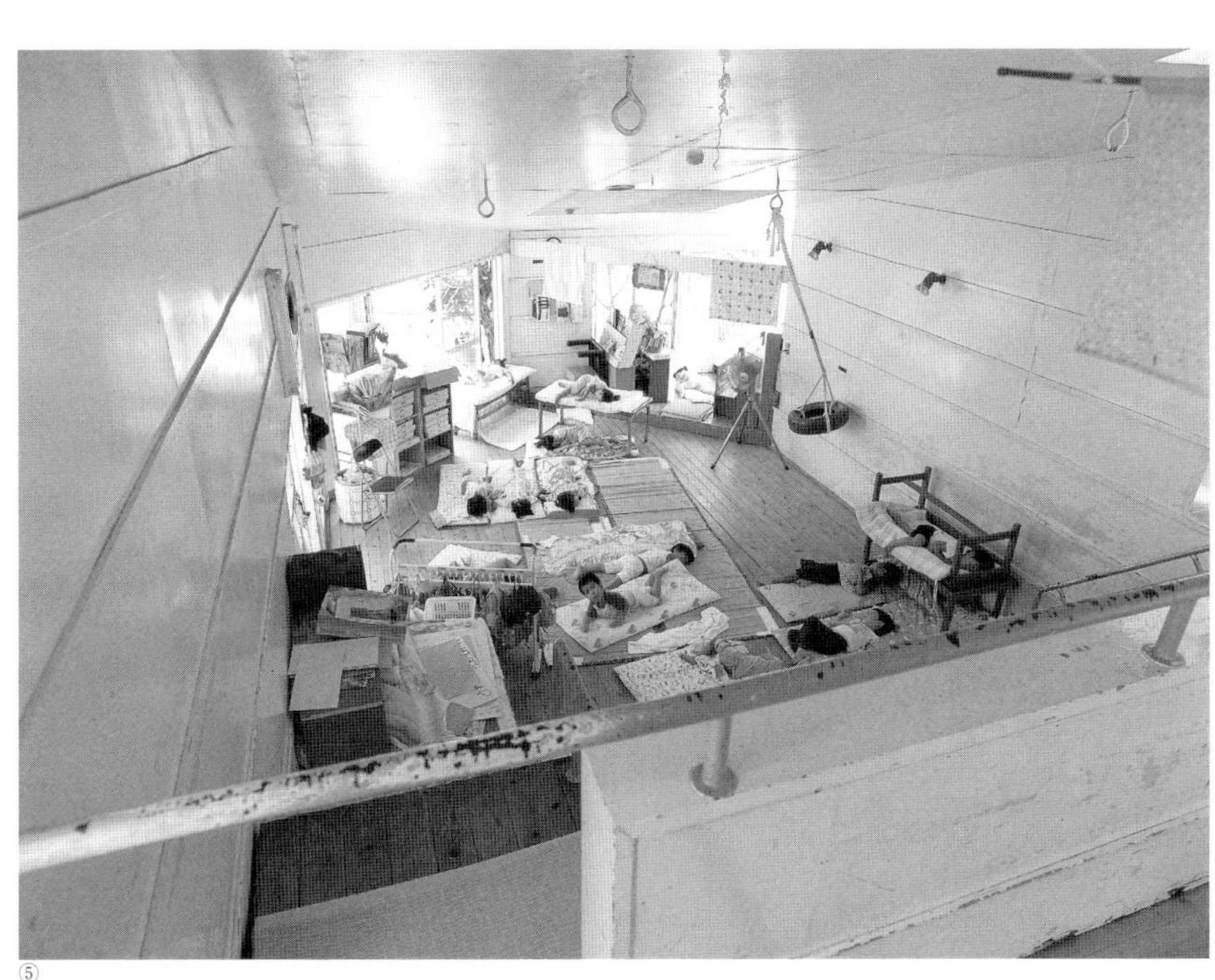
⑤

側の意欲が空回りしているというか、十のものを六、七に使っているというか。

　ところが、野中保育園ときたら、建築家の工夫の限りを、使う側が使い切っている。いや、使い切り、使い倒している。使いに使って、建築を越えてしまったような印象すらある。

　仙田に設計を託した創立者の故・塩川豊子は、自由学園の羽仁説子に影響を受け、「太陽と水！　裸とドロンコ！　原始に戻った自然のなかで」をモットーとする「大地保育」の提唱者だった。

　七〇〇〇㎡のゆるい傾斜地のなかには、柿の木はじめさまざまな立木が茂り、小川が流れ、水がたまり、ブタ、ウサギ、イヌ、ネコが育ち、建物と人と物がせめぎあっている。

　そうした湧き立ち、あふれ返るような自然と物と人のなかで、仙田の建築はどう見えたかを最後に記しておきたい。奇妙な言い方になるが、壁から下は、植物と動物と地べたと人の動きのなかに解消し、屋根のあたりだけがそれらの上に帽子のように浮いているように見えた。

③多目的な裏通路
④外は水場だらけ。ドロンコ保育、大地保育で、全国に名が通る
⑤建物と人と物品が渾然一体となった保育室の昼寝風景

善光寺別院願王寺

山崎泰孝

所在地　愛知県名古屋市西区中小田井一―三七七
竣工　一九七五年
構造　鉄骨造
規模　地上一階
敷地面積　四〇五九・三六㎡
建築面積　四六五・六七㎡
延床面積　三九二・四四㎡

日本は、一流の建築デザイナーが木造建築にも腕を振るう世界にもまれな国で、戦後を振り返っても数々の名建築が生み出されている。伝統の木造をモダンに再構成したデザイン、木造のミースとでもいうような作、などなどさまざまなタイプがつくられ続けているが、建築を学び始めた頃の私にとって今も忘れることのできない衝撃の一作となると、これはもう《山崎泰孝の願王寺》につきる。一九七五年に完成した名古屋の善光寺別院の願王寺である。衝撃は私だけでなく、大枠としては伝統的なお寺のスタイルにも関わらず審査員の心をうち、日本建築学会賞に輝いている。

それから幾星霜をへて、はじめて訪れた。

訪れて、エッと思った。目の前に現れた寺の表情は記憶とはそうとう違っていたからだ。全体の形、プロポーションは同じだが、目鼻だちというか表情の細部が違う。大きな妻壁全体がアルミサッシュのガラスでカバーされている。妻壁の木の方立と水平材の間にはガラスがはめられていたのだが、その木部とガラスの間から雨が入りついには滝のように流れ、しばらくして、アルミ

①三二年前の取材のときに見たあの印象深いファサードは、今はアルミサッシュとガラスのカバーに隠されている
②大屋根を支える基壇
③なかは昔のまま。古い柱と梁が鉄骨で直に補強されている。補強というよりは、鉄骨造になっている

③

サッシュとガラスのカバーを取り付けたというのである。そのデザインは山崎さんではない。

御住職の櫻井克明氏に、建物の来歴を聞く。願王寺が善光寺別院と名乗るのは、長野の善光寺に〝善光寺詣り〟しなくとも同じ御利益があるようにとつくられたからで、全国に同じような別院が二百数ヶ寺を数えるという。一九三四年に工事途中で止めた本堂を幼稚園に使っていたが、寄進があったので完成させることにして、その設計を山崎さんに頼んだ。戦前の工事途中の〝荒れ寺〟の仕上げが山崎さんに託されたのである。

工事途中で止まった寺だったからこそ、山崎さんはあのような大胆不敵な手の入れ方をすることができたにちがいないが、古い写真を見ると、入母屋屋根に軒が一層付く寺が写っている。工事途中で終わり、幼稚園に使われていたとはいえ、入母屋屋根と軒を撤去するのはふつう躊躇するが、さすがは山崎さん、既存の屋根と外回りは捨て、なかの柱と梁だけを残した。

なかの柱と梁を残し、かつ鉄骨で補強し、新たに急傾斜の屋根を付け、ファサードの妻壁を立てた。外側はすべて山崎さんの新しいデザインだった。

私は大きく誤解していた。古い善光寺別院建築の、保存と再利用の問題として考えていたが、そうではなく、基本的には山崎泰孝という建築家の若き日の新作なのである。

④

⑤

④なかからは当初のファサードが分かる。木とガラスの微分がいい効果をあげている

⑤右手の新しい大ガラス壁と左手の旧木造

それでも、衝撃は変わらない。幸い変わらない。どう変わらないのか。

異質な材料の混合、という衝撃は変わらない。サッシュの内側に隠れてしまったが、室内側から見上げると今も木の方立と水平材の間にはガラスが直にはまっている。木とガラスが突き合わされているのだ。ふつうは窓枠や桟の存在が両者の激突を中和してくれるが、ここではガチンと当たっている。設計者は意識的にそうしている。

木とガラスの激突に加え、もう一つの鉄骨が異種混合戦に参戦し、保存された古い柱の裏側から副柱的に古い柱を支えている。鉄骨は板でカバーすれば隠せるのに、直に古い柱とつながれている。

いってしまえば、木と鉄とガラスの三つの材料が、一つの空間のなかで混じり合っている。混じり合っているのだが、なぜか木に竹を継いだような異和感、異物感はない。混じることで、むしろ逆に活気が生まれ、異種の混合が事態を活性化させているのだ。

一歩間違えば大失敗だった。一流建築家が異種混合に失敗した例を二例知っているが、願王寺ではなぜ成功したのか。竣工時の妻壁が秘密を教えてくれる。木とガラスという二つの異種を微分して使ったのだ。木もガラスも小さなピースに微分され、その上で積み重ねられた。ビンのなかの水と油も、よく振って粒を小さくするとしばらくは分離しないのと同じ。

名護市庁舎

Team Zoo 象設計集団＋アトリエ・モビル

①

所在地 沖縄県名護市港一―二―一
竣工 一九八一年
構造 鉄骨鉄筋コンクリート造
規模 地上三階
敷地面積 一万二二〇一・一㎡
建築面積 四七七四・一㎡
延床面積 六一四九・一㎡

ひさしぶりのナゴ。〝風の道〟が空調に取って代わられたとか、パーゴラの上に這うはずのブーゲンビリアが這わないよう伐られてしまったとか、後の変化を聞いていたから、再会するまでは心配だった。

でも、心配無用。名作は、相も変わらず元気一杯、南国の輝く太陽、あふれる緑に負けず劣らず、精彩を放っていた。凹凸の激しい外壁は、ピンクの帯がやや色褪せたとはいえ、明暗のコントラストの強さは変わらないし、シーサーの群の楽しい表情も同じ。

具体的な図像を嫌う世界の戦後建築のなかで、シーサーを使って、しかし現代建築としてヘンでなかったのはナゴくらいだろう。設計した象グループは、この後もいろんな具体的図像を採用しているが、失敗した例の方が多い。うまくいくいかないの分岐ポイントがデザイン上どこにあるのか、斜路を歩きながら考えてみたがすぐには思いつかなかった。こうした本質的問題には、客観的な答えがかならずある。

シーサーが海に向かって居並ぶ表から裏に回り、といっても裏側が町につながるから実用上はこっちが表なのだが、各階に張り出す広いテラスを平面に従ってジグザグに歩きながら、昔見た時には薄かった印象を今度は強くした。

建築と緑の関係についてである。昔の私はこの方面に関心が薄かったのだろう。

①町の側からのパーゴラとブーゲンビリア
②シーサーのある海側ファサード
③床に開けられたガラスブロック入りトップライト

②

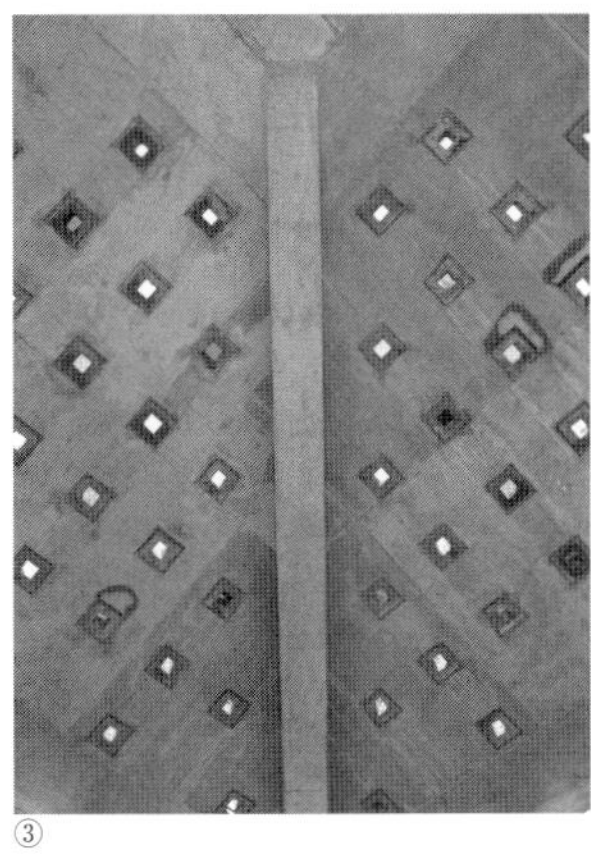

③

海側のシーサーのファサードの建築表現ばかり気を取られ、町側の緑と建築の関係はさほど印象に残らなかった。

でも今は違う。緑と建築の関係については古今東西のいろんな例を見歩いてきたし、自分の設計でも中心テーマの一つに据えてあれこれ試してきている。そうしたプロの目で見ても、刮目すべき例だと思う。

ポイントは、テラスとその上にかかるパーゴラにある。この空間が建築の中と外をつなぐ働きをしているのは誰でも気づくが、効果をあげているのはその広さだろう。これくらいの広さがないと、実用上も表現上もただゴチャゴチャして終わってしまう。ここまで広くしたのは象の慧眼というしかあるまい。

でも、象の設計意図と異なり、ブーゲンビリアは地上階止まりで、二階以上の立派なつくりのパーゴラには這い上がっては来なかった。象における這い上がり失敗は、今帰仁村中央公民館のブーゲンビリアでも進修館の巨峰でも見ているが、ツル性植物の這い上がりには根本的難点でもあるんだろうか。

ブーゲンビリアは来なかったが、代わりに、庁舎を使ってる人たちが、あれこれの自然を持ち込み、広いテラスには大小の鉢植えが、手すりの上部には板で台をつくって、小鉢がズラリと並ぶ。当初はなかったに違いないテラス上の庭園もつくられ、南方の植物がパーゴラまで背を伸ばし

④

⑤

ている。それだけではない。小さなビオトープまで出現し、目を凝らすとメダカが泳いでいる。

テラスを舞台とした、建築と自然の織りなす幸せな光景をはじめて目撃し、私は考えた。建築の勘所は何か。

すでに述べたように、広いこと。そして次は、テラスの手すりが穴開きブロックで、パーゴラも大きな帯状の穴が開いていることから分かるように、テラスのつくりが多孔質であること。

外側の自然と内側の部屋との間に、多孔質な空間があって、そこに外からは自然が、内からは人間活動がしみ出し、混じり合う。

そしてもう一つ忘れてはならない建築的ポイントがある。自然の力は強い。受け入れる姿勢を見せると、かさにかかって強く出てくる。植物やムシ（昆虫、ハ虫類、ミミズなどを古語では意味した）の繁殖力をなめるとひどい目にあう。そうした強い自然を建築が受け容れる時、機能上も表現上も建築を強くしないと釣り合わない。

強い自然と強い建築の頂上決戦、がっぷり四つの大相撲、それが名護市庁舎だった。

④テラスのガラスブロックを見上げる
⑤テラスとその上にかかるパーゴラ

笠間の家

伊東豊雄

伊東豊雄の笠間の家は、一九七一年の処女作《アルミの家》から一〇年後の一九八一年、焼き物の町・笠間の陶芸家のアトリエとしてつくられ、現在は笠間市が所有し、笠間焼協同組合が管理を委託されている。もう三七年も経ったのだ。

その昔、写真で見た時は〝白い建築〟だと思った。斜めに傾いた天井とカーブを描く壁が白く塗られており、名作中野本町の家の白いインテリアに共通するからそう感じたが、実際に建物の前に立って眺め、なかを一巡してみると、白より銀灰色の印象が強い。アルミニウム的というかアルミ感覚というか。本物のアルミ板で全体を包んだ処女作より、アルミ感は強い。

ル・コルビュジエは打放しコンクリートの、ミースはガラスと鉄骨の、ライトは煉瓦の、ガウディは石の建築家というなら、伊東豊雄はアルミの建築家に違いないが、そこんところを建築史家は長らく見誤っていた。二〇年ほど前の拙著のなかで、二〇世紀建築の大筋について、とりわけ日本の戦後建築とのからみで、二派に分けた。グロピウスに始まる「抽象性を求める白派」と、ル・コルビュジエを祖とする「実在性に立つ赤派」。日本でいうと、丹下健三から磯崎新を経て安藤忠雄までが赤派で、白派は槇文彦、原広司、谷口吉生、伊東豊雄。今でいうなら、隈研吾は赤派で、白派は妹島和世と西沢立衛となろう。でも、その後の伊東の歩みを見ると、どうも違う。せん

所在地　茨城県笠間市下市毛七九―九
竣工　一九八一年
構造　木造（枠組み壁構法）
規模　地上二階
敷地面積　八七六・三八㎡
建築面積　一五五・二四㎡
延床面積　二六六・〇三㎡

①

②

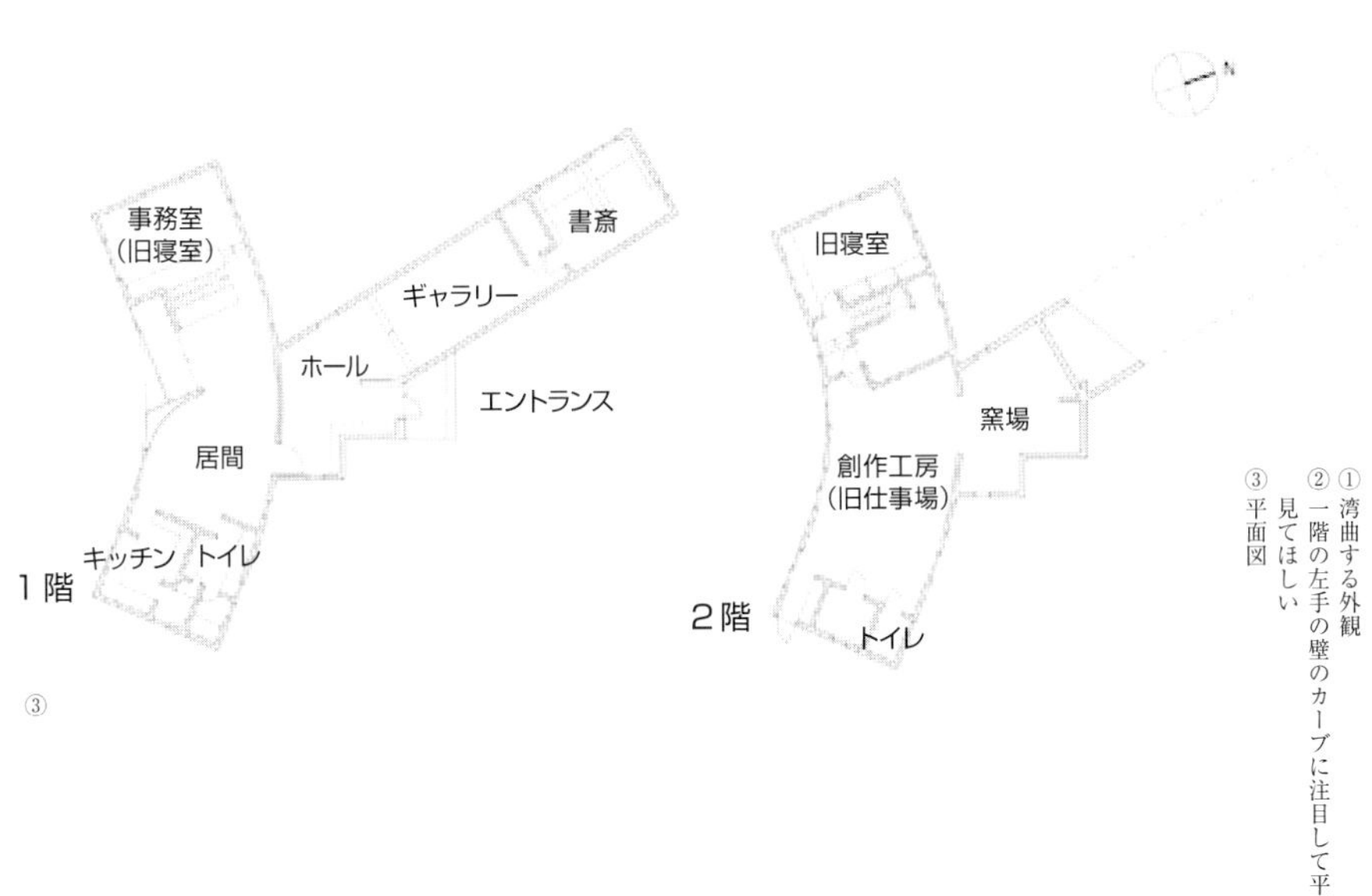

③

①湾曲する外観
②一階の左手の壁のカーブに注目して平面図を見てほしい
③平面図

だいメディアテークもMIKIMOTO Ginza 2などの鉄板構造建築も、色は白っぽいが、造形は明らかに抽象的ではなく、実在的。特に近年の反グロピウス的発言を耳にするにつけ、見誤っていたと認めざるを得ない。かといってル・コルビュジエの打放しを典型とする赤派かというと、それも違う。

何とも窮してしまい、白でも赤でもなく、ガラスと鉄でも打放しコンクリートでもなく、アルミ的と先に述べたのだった。アルミは、銀に比べれば輝きはするものの鈍く、鉄よりは軟らかいが銅よりは硬い。

白赤問題は棚上げして、笠間の家の具体的見所について述べよう。伊東ならではのセンスの良さは随所に見られ、気持ちはいいが、この辺のことはよく知られたこと。建築史家は建築家が自覚せぬことに気付かなければならない。注目したのは平面だった。たおやかにカーブしている。それがどうした、カーブなら一周グルリと環状になった中野本町の家のほうが本格的だろう、と反論もあろうが、一周せず途中で止まった湾曲プランだから注目した。伊東さんから湾曲について印象深い話を聞いたことがある。

④

⑤

⑥

「一枚の壁が立っている。そのままだと右側と左側に何の差もないし、何も起こっていないが、たとえば右側を少し湾曲させると、その途端、右側に〝内部の空間〟が発生し、左側には〝外部の空間〟が生まれる。もし壁を左右にペコペコすると、内になったり外になったり、ほんのわずかなことで変わる」。

「内になったり外になったり」を一言でいうなら〝反転〟となろう。空間の反転。

ふつうモダンな建築家は、壁をテーマとすると、壁によって隔てられた内と外の空間がどう連続するかを考える。二〇世紀建築の中心的課題の一つとしての内外空間の連続。ところが伊東は、内外の空間反転を考えているらしい。湾曲したプランによって、伊東は空間の反転という面白い現象について、頭と言葉によって考えるのではなく、目と身体の感覚によって探究を始めたのではないか。

平面をもう一度見ていただこう。湾曲する住宅部分に、展示室と玄関の部分が斜めに刺さるように接合し、その壁の一つが住宅部分を斜めに貫き、湾曲する内側の壁と接合しているが、その箇所がどう処理されているかに注意してほしい。デッドスペースをつくってまで湾曲させているだろう。この接合部で、ペコッと二〇世紀初の反転現象が起こっている、と建築史家はにらんだ。

④一階の創作工房
⑤ホールからギャラリーを見る
⑥中央がエントランス

海の博物館

内藤 廣

①

海の博物館展示棟
所在地　三重県鳥羽市浦村町大吉一七三一-六八
竣工　一九九二年
構造　木造（架構部）、鉄筋コンクリート造（壁・床）
規模　地上二階（展示A棟B棟とも）
敷地面積　一万七八九六㎡
延床面積　一九〇五㎡（展示A棟B棟合計）

実物を目にするまで小さな心配が一つあった。関西から九州にかけて昔から民家の技法として広がる〝焼杉〟の一件で、「大工ではなく建築家として正面から使ったのは私が最初」と書いてきたが、内藤廣が最初かもしれない恐れがあったからだ。でも、《海の博物館》に近寄って確かめると焼いてはいないので一安心。タール塗装だった。

焼の有無を確かめて安心してから、全景をゆっくり眺めた。大きい。実に大きい。海と山が入り組んだ小づくりな志摩の光景を背にするとはいえ、大きく感じられる。実際の大きさを凌ぐような大きなスケール感を持つ。

黒く塗られたそんな棟が何棟も並んで博物館を成しているのに、脇を通り間をすり抜け辺りを歩いていても、圧迫感が漂わないのはなぜだろう。

まず、木造という材料の特性があり、壁に張られた板も、軒を支える棰木も、木造ゆえの薄さ細さが圧迫感を消してくれる。黒という色も効いているだろう。日射のある時は壁に落ちる影が目立たず立体感は薄れるし、今回のように曇天の

① 吉阪隆正的キャノピー
② 磯に立つ小屋の風情

②

時は、軒下回りは部材の輪郭が曖昧になり、これまた立体感は失せる。

外壁を、立面を、一枚の膜としてつくろうとしているのではないか。このことを確信したのは切妻屋根の出の処理で、軒先から壁にかけ斜めに板を張っている。納まりを考えるとやりたくないつくりだが、上手に納めている。幕として張りながら、ツルピカの幕は嫌で、素材感、手触り感だけは失いたくない、そういう外壁の仕上がりに違いない。

素材感、手触り感のある膜を別の言葉でいえば布地。黒い布地で包んだ大きなカタマリとしての建築。これが、この建物の外観の魅力に違いないが、この魅力をさらに引き立てる働きをしているのが一階の地面ギリギリを水平に走るガラス窓。ガラスにすることで、布地に包まれた大きなカタマリが、マグリットの岩の絵のようにフッと重力を離れて浮いて見える。

外を一巡してから、入口に向かうと、意外な造形のキャノピーが迎えてくれる。小石を粗く円錐状に積み上げた上に、鉄製の板が載っているが、その鉄の造形が一般的に思われている内藤イメージと違う。荒っぽいというか、グイグイ突き出すようにというか、〝象〟（象設計集団）っぽいというか。でも、一呼吸してから腑に落ちる。ソウダ、内藤は吉阪隆正に学んだのだ。

なかに入る。入ってすぐ、外観が黒い膜のようなデザインをしていた理由が分かった。あの膜は幕。手品師が謎の箱を包んで隠す黒い幕。

なかに入り、幕がまくられると、そこには今回の主役となる木造の小屋組がある。大きい、そして力強い。雄渾（ゆうこん）といえばいいか。この作品以前にもいろんな建築家により木を使った大スパン構造はいくつも試みられているが、重苦しいか軽過ぎるかのどちらかだった。木は鉄やコンクリートに比べれば軽いけれど、ただ軽いわけではなく、人が自分の体だけで扱うことのできる程度の重さを持ち、かつ、その重さの割には強い。木材は、人体を支える骨に通底するような質の建築材なのである。

③

④

⑤

③巨鯨の腹のなかを思わせる骨組
④木造アーチを見上げる
⑤瓦面からトップライト面への流れるようなみごとな納まり

人体の骨に通ずるような印象を受けたのは、スパンと材の断面のプロポーションが鉄でもコンクリートでもなく骨を感じさせてくれたからだが、それに加えて、アーチという構造形式が効いている。

なかに入り、上を見上げ、さまざまな展示物に目をやってからまた見上げた時、ピノキオ感が湧いてきた。アーチという形式が鯨の肋骨をしのばせるのだ。黒い巨鯨の腹のなかに、漁具から潜水艦までさまざまな海に関わる人智の結果が呑み込まれている。

私の脳内近代建築ノートの木造小屋組の大項目には、これまでレーモンドの名しかなかったが、この建物のおかげで新たに内藤廣の項を立てることができる。

国立劇場おきなわ

高松 伸

所在地 沖縄県浦添市勢理客四―一四―一
竣工 二〇〇三年
構造 鉄筋コンクリート造・一部プレストレストコンクリート造
規模 地上三階地下一階
敷地面積 二万四〇〇〇㎡
建築面積 七二三九㎡
延床面積 一万四七二九㎡

高松伸は〝同期〟の建築家である。奇妙な言い方になってしまったが、一九七一年に彼は京都大学を、私は東北大学を卒業し、その卒業設計が、当時JIAが開催していた全国卒業設計展にそれぞれの大学代表として出展された。

以来、彼の仕事に関心を払ってきたが、一度しか言及したことはない。私だけでなく、多くの批評家が語らない。デビュー作ともいうべき〝織陣〟のオリジナリティの強烈さに言葉を失ったままで今に至る。私も、白井晟一ばりの毒気に当たったまま…。

でも、同期の建築史家として

②

①

ずっと作品は片目でにらんできた。自分の個性にしか根拠のない造形性を前面に出して、なお一歩も怯まない勇気には、二一世紀の建築のあり方の宿命すら覚えたからだ。唐突にいうが、〝二一世紀は個人様式の時代〟ではないかと思う時がある。

二〇世紀建築を支えてきた共通の原理が〝ポストモダン〟を端境に魅力を失い、しかし次の共通原理が発見できないまま、それぞれがそれぞれの個人的思想と造形感覚により建築をつくるしかない。二一世紀全体とはいわなくても、二一世紀の前半はそういう時代になるのではないか。とすると、二〇世紀末に生まれた高松の建築は、二一世紀の先駆けになろう。当たるも八卦、当たらぬも八卦。

① 回廊には沖縄の赤瓦が載る
② コンクリート打放しの壁に見えたのだが……

二〇〇三年につくられた国立劇場おきなわを訪れた。高松の仕事としては一九九五年完成の植田正治写真美術館以来久しぶりの対面。

完成して雑誌に発表された時、ゴシック建築の現代版かと疑った。何が哀しうてわが高松がヨーロッパ中世の聖堂建築の造形を沖縄でやらにゃならん…。見ての通り、外壁に並ぶ窓というか開口部がゴシックの尖塔アーチをしていたからだ。

でも、実物を前にすると、意外にもゴシックは連想せず、むしろ、沖縄の戦後のコンクリート建築の特色として知られる〝多孔ルーバー〟の高松版だと分かった。沖縄では日射を遮るため、外壁の一つ外側に穴開きブロックなどを積んでカーテンウォールをつくる方法が工夫され定着しているが、それなのだ。

それがゴシックに見えたのは、尖塔アーチ状の先の尖った造形による。でも、改めて思い出してみれば、こうした尖塔形は、ゴシックとは関係なく、けっこう昔から高松が尖った円錐形として試みており、結果的にゴシックに似てしまったに違いない。

サーフィンの大波のように、バナナの葉のようにカーブしながら頭上に差しかかる軒の下の日陰を歩きながら、沖縄の地域性を大真面目に考えた外観であることに感銘を受けた。

そしてなかに入り意外な感を受ける。

まずは、内部空間はモダニズムそのままであること。ロ

③

⑤

④

ビー周りは柱と梁のラーメン構造を取り、その美学を受け継ぐ。とりわけ、劇場のなかからは高松の毒気は消えている。

ロビー周りの諸空間を一階から上階へと歩きながら、ゴシック風に見えてしまった打放しコンクリートの外壁と内部のラーメン構造との関係を知りたいと思ったが、よく分からない。コンクリートの外壁は、厚くしっかりした存在感からして構造体に違いないと思ったのに、なかのラーメン構造との取り合いが見えないのだ。

そこで図面に当たると、実に、ゴシック風に見えた壁はラーメン構造とは構造的には切れ、カーテンウォールとしてつくられている。先に、沖縄の多孔ルーバーはカーテンウォールであると書いたが、ほとんどのルーバーはブロックを積んで剝き出しにするか、上にモルタル系を塗って仕上げている。コンクリート打放しの多孔ルーバーなどない（と思う）。

カーブしてはいるが、目の前に力強く立ち上がる厚いコンクリートの壁は、非構造体（カーテンウォール）なのだ。打放しのカーテン。

パリのド・ゴール空港で、打放しシェルと見えたのが実は鉄骨構造から吊り下げられた〝打放しの壁と天井〟と知った時以来の仰天となった。こんなことをやるのは日本ではシン・タカマツだけ。正確にいうと、現場打ちではなくプレキャストの打放しだが。

③ロビー
④ホワイエ
⑤劇場内部

ラムネ温泉館

藤森照信＋入江雅昭（ＩＧＡ建築計画）

藤森照信

所在地　大分県竹田市直入町大字長湯七六七六—二
竣工　二〇〇五年
構造　木造（一部ＲＣ造）
規模　地上二階
敷地面積　一九四七・〇四㎡

① 笹に埋もれ、屋根のてっぺんには松が生える

突然、大分県の首藤勝次さんから電話があった。

「長湯という山の中の温泉地の町長をしており、河原にラムネ温泉という珍しい温泉が湧出し、その入浴場をつくろうと思い、いろんな建築家の手になる浴場を見てきたが、どれも気に入らない。知人から秋野不矩美術館を勧められて見た帰りがけだが、気に入ったので、是非一度、長湯を訪れてほしい」。

私の連絡先は、大分出身で旧知の赤瀬川隼を通し、赤瀬川原平から聞いたという。

さすが政治家、思い立ったら動きは早い。長湯の御殿場という町営浴場の設計は象設計集団の富田玲子さんに頼んで実現しており、建築界の事情にも通じておられるらしい。

でも、ひとたび、現地を訪れたら断るわけにはいかないから、ちょっと悩んだ。

①

河原に湧く温泉に入るための仮の施設としてすでに入浴小屋があり、それを建て替えたいらしいが、小屋は見るのは好きだが、自分で手がけるつもりはない。小屋をつくる楽しみは若いころ十分に味わっており、四五歳で設計を始めてからは、小屋の面白さを建築として昇華するべく努めているから、逆にむしろ小屋づくりは避けたい。

少し迷ったが、首藤さんの熱意に負け、現地に出かけると、そこには確かに小屋があり、入浴者は入口の料金箱に百円玉を投じて、自由に入っている。

入ってみて驚いた。全身がたちまち泡に包まれるばかりか、温度が低いからのぼせることはなく、長湯嫌いの私でも背を岩に横たえて三〇分は平気で楽しむことができる。一時間、二時間を過ごすべく、遠くは博多から車で来る人もいるという。

低温で過剰気泡（重炭酸泉）の泉質と、山間の鄙びた温泉地の風光と、そして町の食堂で出る料理の味と、加えて、首藤家が〃湯庄屋〃として江戸時代から続ける大丸旅館の質の高いサービスにすっかりハマり、設計を引き受けた。

事務所、待ち合い、美術室、家族浴室、共同浴室からなる全体配置はそう難しくなかったが、肝心の共同浴場が難しい。共同浴場は、低温のラムネ温泉を野外化して解放感を強めるのはいいとして、冬の寒冷化対策として並べて設ける高温の温泉による浴場が難しい。温泉の湯気による浴室の天井の結露とカビをどう防げばいいのか。

いろんな温泉を見歩いたが、どこも結露とカビだらけ。カビはやがて黒くなり、汚いこと著しい。対策として、天井を高くして塔状とし煙突効果で湯気を抜く、壁は張り巡らした断熱材の上にエキセルジョイントを塗って漆喰で仕上げ室内を〃外断熱〃化する。

その結果、普通の温泉浴場よりはるかに湯気は籠らず、汚れも少ないが、それでも十分とはいえない。

②

③

⑤

④

すでに養老昆虫館で試みた焼杉に挑戦し、焼杉と漆喰の白黒の縦縞を実現した。

秋野不矩美術館でやりながら止めていた柱への焼きを復活させ、今度はうまくいった。

外も内も炭の黒と漆喰の白尽くしになっているが、イスまで焼いてすましたのは別の事情による。

工事は多忙を極め、イスの製作はオープン前日にやっとやる時間が取れ、最も簡単なイスをつくることにした。最も簡単といえば切り株をおいてはない。首藤家の林から伐り出した杉の丸太をチェーンソーで輪切りにするとき、中間位置をチェーンソーで削り落とし、そこをプロパンバーナーで焼いてみたところ、可動切り株ができた。

極めて簡単なイスだが、気に入る人もいて、嬉しい。

銅板葺きの屋根の銅板一枚一枚の裾を少し起こしてデコボコにする初の試みは、職人たちは嫌がってやってくれなかった。仕方なく板金の親方が、現場に入っていた庭師を使って実行してくれた。

藤森流手曲げ銅板デコボコ張りはここからスタートする。

②高温浴槽
③高温浴槽男湯の壁のアコヤ貝
④待合室のカマドと一夜作りの丸太イス
⑤泡のつくラムネの湯は外に

たねや
ラ・コリーナ近江八幡

藤森照信＋中谷弘志

近江八幡に本拠を置く〈たねや〉社長の山本昌仁氏より、秋村田津夫氏を介して設計の依頼があった。

「一ヶ月以内にフラッグショップの設計をしてほしい。テーマは〝丘〟」。

丘はイタリア語ではラ・コリーナといい、この基本コンセプトを決めたのは〝たねや〟とつながりの深いミラノの建築家のミケーレ・デ・ルッキさんであった。丘のコンセプトを少しズラして〝草屋根〟に変え、ピラミッド状の緑化屋根で検討を始め、三日ほどして成案に至ったが、あまりに早い

藤森照信

所在地　滋賀県近江八幡市北之庄町六一五―一

フラッグショップ（草屋根）
竣工　二〇一四年一二月
構造　鉄筋コンクリート造＋鉄骨造＋木造
規模　地上二階
敷地面積　五二一五・五四㎡
建築面積　一一一三・五四㎡
延床面積　一三九四・七〇㎡

レストラン（栗百本）
竣工　二〇一六年六月
構造　鉄骨造＋一部木造
規模　地上一階
敷地面積　六四〇七・五六㎡
建築面積　五一〇・四三㎡
延床面積　四九九・九六㎡

本社（銅屋根）
竣工　二〇一六年五月
構造　鉄骨造
規模　地上四階地下一階
敷地面積　四六八三・六九㎡
建築面積　一五九七・三四㎡
延床面積　三五五六・四八㎡

と思いつきと見られるから、一ヶ月して、A４版二枚の手描き図を送ると、社長より「これでやります」。

ただちに、共同設計者の中谷弘志（アキムラ フライング・シー）と打合せ、平面、立面、断面を決め、それ以上の詰めは中谷に任せ、時折チェックしてことは進む。

私が直接関わるのは、使う栗材の調達はじめ各部の仕上げ、イス、テーブル、照明などの目に見え手で触れるところだけ。

① フラッグショップ〈草屋根〉外観。屋根の頂上には〈松〉が立つ
② 本社〈銅屋根〉の最上階は展望室

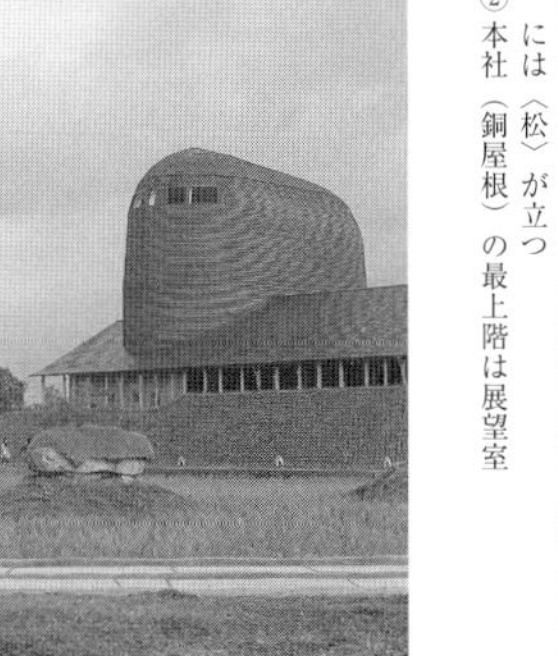
②

①

③

④

大理石、ステンドグラス、金物は付き合いの長い会社と職人がいるから心配はいらないが、栗材はどうする。これまで使ってきた栗材はすべて私の田舎のカクダイ製材所に用意してもらってきたが、今回は大量過ぎる。

〈たねや〉筋の木工会社を通して木曽の山持ちと連絡がつき、冬の山に雪上車で入り、一本一本選び都合百数十本の栗丸太を入手することができた。栗材は使われなくなって久しく、戦後、栗を植林した木曽の山の一部には大量に生えているが、私とてこんなに使うのは〈たねや〉の仕事が最後になるだろう。

緑化屋根を支える柱は樹皮をむいた栗の丸太をそのまま立てた。ちゃんとした建築では先例のないやり方だが、ストークハウス（二〇一二年、オーストリア）で小規模に試みて大丈夫と分かっていたので、大規模にやってうまくいった。

設計した段階で一番の心配は、タンポポハウス（一九九五年）このかた何度も試みては失敗してきた屋根の緑化だった。

唯一うまくいったつばき城（二〇〇〇年）を手本に、中谷がディテールを決め、実行し、管理の手はかかるものの、成功することができた。

よってフラッグショップの名は〈草屋根〉と名付けている。

草屋根の建築的成功は、フラッグショップの商業的成功

⑤

③フラッグショップ二階。家具や煖炉も著者のデザイン
④③の奥に見える。当初、社長応接用に作られたテーブルと煖炉だったが、あまりのお客様の多さに、一般客用テーブルに転用
⑤和菓子売場の床と天井とイスは著者のデザイン。ショップ関係は井上康成（株式会社匠）

につながり、「これでやります」と一言述べただけであとは任せてくれた発注者に対し、設計者は面目を失わずに済んだ。

草屋根の背後に広がる広大な土地をどう使うかの検討が繰り返しなされ、その席に参加した設計者は、その都度、案を立て、結局、中心部を田んぼとし、田んぼを囲んで、本社（銅屋根）、レストラン（栗百本）、回廊（草回廊）、築山（棚田山）、さらに御神木、七ツ石、土塔を配することになり、これを順次設計し、順次実現して今に至る。

一つの建築の出現が地域に社会的影響を与えた例としては、近年では伊東豊雄の仙台メディアテークと妹島和世の金沢21世紀美術館が広く知られるが、ひるがえってわが身を振り返ると、処女作の神長官守矢史料館が人戸五〇戸ほどの小さな村に、〈草屋根〉が滋賀県に、モザイクタイルミュージアムが多治見市に、それぞれ少なからぬ影響を与えている。三作それぞれの管理者の観察によると、今や村、県、市を越え、海外からも訪れるようになり、建築の吸引力を実感するそうだ。設計者としてはこれに過ぎる喜びはない。

いずれの場合も、今こう振り返ると発注者が果たした役割は決定的で、発注者に恵まれた時の建築家の充実と幸を想う。

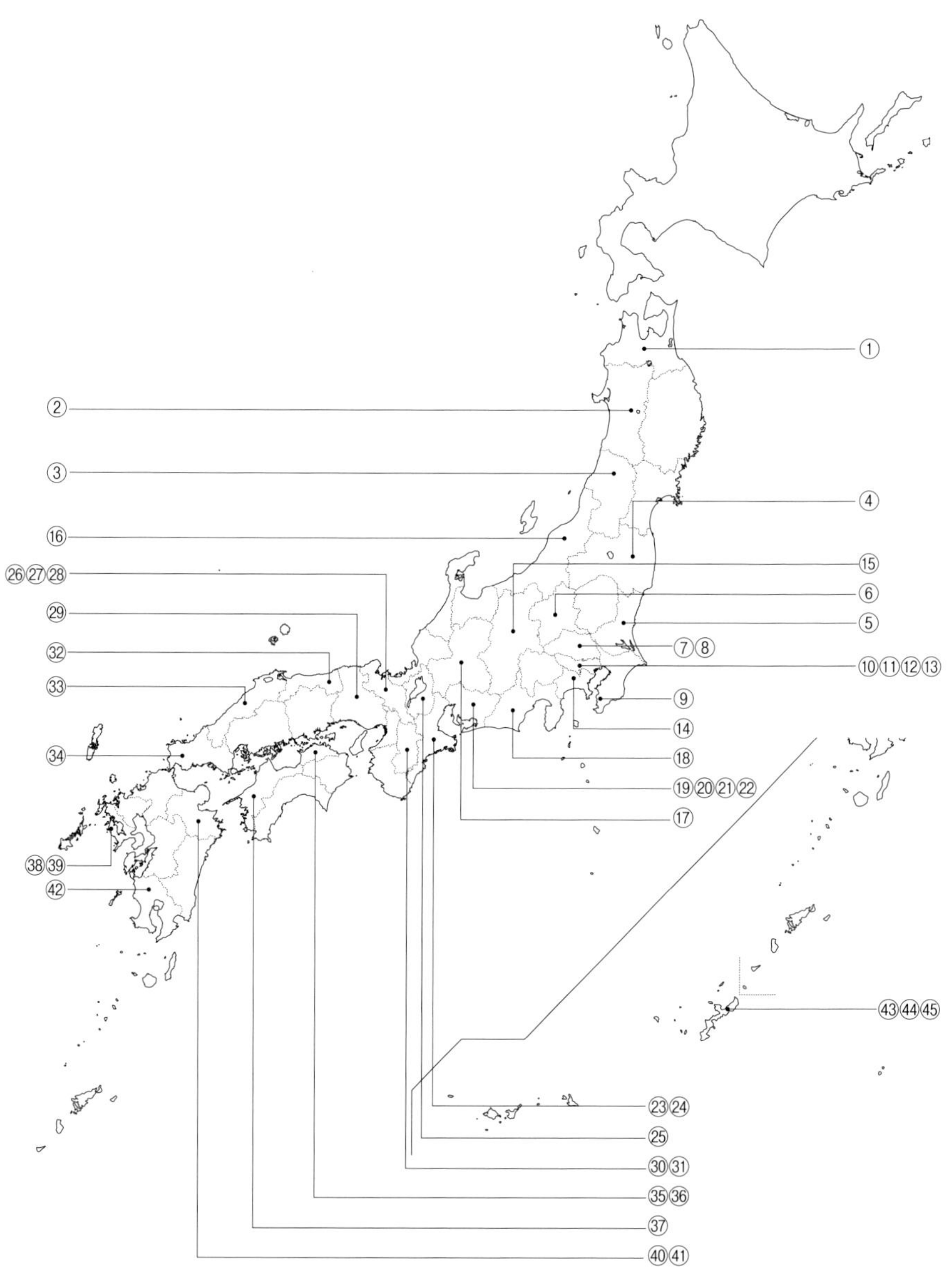
①
②
③
④
⑯
⑮
㉖㉗㉘
⑥
㉙
⑤
⑦⑧
㉜
⑩⑪⑫⑬
㉝
⑨
⑭
㉞
⑱
⑲⑳㉑㉒
⑰
㊳㊴
㊷
㊸㊹㊺
㉓㉔
㉕
㉚㉛
㉟㊱
㊲
㊵㊶

掲載作品所在地一覧

① 木村産業研究所／前川國男、青森県 →p.76
② 横手興生病院／白井晟一、秋田県 →p.62
③ 寒河江市庁舎／黒川紀章、山形県 →p.158
④ 福島県教育会館／大髙正人（ミド同人)、福島県 →p.142
⑤ 笠間の家／伊東豊雄、茨城県 →p.174
⑥ 群馬音楽センター／アントニン・レーモンド、群馬県 →p.28
⑦ 立教学院聖パウロ礼拝堂／アントニン・レーモンド、埼玉県 →p.32
⑧ 秩父太平洋セメント秩父工場／谷口吉郎＋日建設計工務、埼玉県 →p.92
⑨ 三里塚教会／吉村順三、千葉県 →p.88
⑩ 星薬科大学本館／アントニン・レーモンド、東京都 →p.16
⑪ 東京女子大学礼拝堂／アントニン・レーモンド、東京都 →p.20
⑫ NTT中央研修センタ講堂／内田祥哉、東京都 →p.96
⑬ 大学セミナー・ハウス本館／吉阪隆正＋早稲田大学建築学科U研究室、東京都 →p.120
⑭ 神奈川県立音楽堂／前川國男、神奈川県 →p.84
⑮ 浮田山荘／ウィリアム・メレル・ヴォーリズ、長野県 →p.8
⑯ 黒沢池ヒュッテ／吉阪隆正、新潟県 →p.132
⑰ 藤村記念堂／谷口吉郎、岐阜県 →p.80
⑱ 野中こども園／仙田 満、静岡県 →p.162
⑲ 愛知県立芸術大学講義棟／吉村順三＋奥村昭雄、愛知県 →p.128
⑳ 善光寺別院願王寺／山崎泰孝、愛知県 →p.166
㉑ 料亭河文 水鏡の間／谷口吉郎、愛知県 →p.136
㉒ 八勝館 御幸の間／堀口捨己、愛知県 →p.50
㉓ 三重大学レーモンドホール／アントニン・レーモンド、三重県 →p.24
㉔ 海の博物館／内藤 廣、三重県 →p.178
㉕ たねや ラ・コリーナ近江八幡／藤森照信＋中谷弘志、滋賀県 →p.190
㉖ 栗原邸／本野精吾、京都府 →p.38
㉗ ウェスティン都ホテル京都 佳水園／村野藤吾、京都府 →p.54
㉘ カトリック桂教会／ジョージ・ナカシマ、京都府 →p.116
㉙ ヨドコウ迎賓館／フランク・ロイド・ライト、兵庫県 →p.12
㉚ 旧・佐伯邸／村野藤吾、奈良県 →p.66
㉛ 橿原神宮前駅中央口駅舎／大林組設計部＋村野藤吾、奈良県 →p.46
㉜ 東光園／菊竹清訓、鳥取県 →p.150
㉝ 出雲大社 庁の舎／菊竹清訓、島根県 →p.146
㉞ 宇部市渡辺翁記念会館／村野藤吾、山口県 →p.42
㉟ 香川県庁舎／丹下健三、香川県 →p.100
㊱ 香川県立五色台少年自然センター研修棟／浅田 孝＋環境開発センター、氏家隆正、加川 浩ほか、香川県 →p.124
㊲ 日土小学校／松村正恒、愛媛県 →p.108
㊳ 十八親和銀行佐世保本店／白井晟一、長崎県 →p.70
㊴ 日本二十六聖人記念館／今井兼次、長崎県 →p.58
㊵ アートプラザ／磯崎 新、大分県 →p.154
㊶ ラムネ温泉館／藤森照信＋入江雅昭（IGA建築計画)、大分県 →p.186
㊷ 内之浦宇宙空間観測所／池辺 陽、鹿児島県 →p.112
㊸ 名護市庁舎／Team Zoo象設計集団＋アトリエ・モビル、沖縄県 →p.170
㊹ 国立劇場おきなわ／高松 伸、沖縄県 →p.182
㊺ 与那原カトリック教会／片岡 献＋SOM、沖縄県 →p.104

取材後記——あとがきにかえて

藤森照信さんから、新たに雑誌連載の写真撮影をと声を掛けていただいたのは、今から二〇年近く前でした。連載のタイトルは「現代建築考」。さてどんな作品を、藤森さんは取り上げていくのだろう。建築史家の第一人者である彼が、建築もつくり始めている時でした。その人が、戦前と戦後のモダニズムも含めた上で、敢えて現代と見ているようなのです。何が出てくるやら、自分はその課題をきっちり追走していけるのか、興味と不安が同居する取材のスタートでした。

それから年三回のスローペースながら一五年ほど続いた取材で、四〇を超える建築作品と出会わせてもらいました。出会うというより、出喰わすといった方がいいか。何故なら、藤森さんが見たい（彼にとっては再訪も多く、建築家として改めて確認したい気持ちでしょうか）といった作品の大部分を、自分は知らないか、知っていても名ぐらいだったからです。いわば、未知との遭遇です。現場ではどこをどう撮ったら良いのか、戸惑いしか覚えませんでした。しつこく彼に着眼点を聞いてはシャッターを切る連続、でも楽しかった。勉強した。

片岡献の教会は、まったく知りませんでした。まさか沖縄に、ル・コルビュジエのエラズリス邸の教会バージョンがあるなんて。白井晟一の病院、黒川紀章の市庁舎、吉村順三の木造聖堂、谷口吉郎の記念堂、大学のレーモンドホール、ジョージ・ナカシマの教会、浅田孝の山の家そして池辺陽の観測所。これらは、そうそう村野藤吾の駅舎も、自分からは絶対に、見にも撮りにも行かないだろうと思われる作品でした。究めつけは吉阪隆正のヒュッテで、雪に埋もれた姿を、生涯で初めてヘリコプターに乗って撮りに行ったのですから。

それらの取材を思い出しながら、一冊の本にまとめられた作品群をふり返ってみると、当初からの謎であったあの連載タイトル「現代建築考」の現代の意味の一端が、理解できるような気がします。

藤森さんは、数千年前の縄文時代から今を逆照射して考えている、稀有な建築家でしょう。だとするとモダニズムだコンテンポラリーだなんて短い時間の枠など、あってないようなものです。空間での柱のあり様が、ひとつのポイントかなと思えるのです。西洋の石積み壁は、立つことで空間を内と外に厳然と分け隔てる。一方垂直に立つ柱は、中心として円錐型の空間を周辺に柔らかく広げる。縄文の人が、一本の丸太を掘り立てて家づくりを始める。私たちに刻み込まれた柱の、その遠い記憶が、二〇世紀そして二一世紀を迎えた建築にもなお、藤森さんには鮮明に見えているのではないでしょうか。「日本人なら、柱でしょう」と。だから「現代建築考」なのでは。違っていたらごめんなさい。

「現代建築考」は、東京ガス株式会社の広報誌『LIVE ENERGY』に連載されました。連載を終始温かく支えて下さった、東京ガス都市エネルギー事業部の皆様に、改めてお礼申し上げます。その折の編集をして下さった旭出版企画の故・渡部常平さん、藤繁和さん、ありがとうございました。そして何といっても一回ごとに読み切り、撮り切りの連載を再構成して、まるで建築の玉手箱のような美しい本に仕上げて下さった、鹿島出版会の相川幸二さんに感謝です。この本が、建築を学ぶ人、建築に関心をお持ちの人、たくさんの人に読まれることを願っています。

二〇二三年春　下村純一

ポートレート・クレジット＋出展（掲載順）

・ウィリアム・メレル・ヴォーリズ／相原功
・フランク・ロイド・ライト／『知られざるフランク・ロイド・ライト』（エドガー・ターフェル：著、鹿島出版会、１９９２年）
・アントニン・レーモンド／『自伝アントニン・レーモンド』（アントニン・レーモンド：著、鹿島出版会、２００７年）
・本野精吾／個人蔵
・村野藤吾／『村野藤吾著作集第1巻』（村野藤吾：著、鹿島出版会、２００８年）
・堀口捨己／『ＳＤ１９８２年1月号堀口捨己特集号』（鹿島出版会、１９８２年）
・今井兼次／『今井兼次建築創作論』（今井兼次：著、鹿島出版会、２００９年）
・白井晟一／『ＳＤ１９７６年1月号白井晟一特集号』（鹿島出版会、１９７６年）
・前川國男／『ＳＤ１９９２年4月号前川國男特集号』（鹿島出版会、１９９２年）
・谷口吉郎／『現代日本建築家全集6谷口吉郎』（栗田勇：監修、三一書房、１９７０年）
・吉村順三／『現代日本建築家全集8吉村順三』（栗田勇：監修、三一書房、１９７２年）
・内田祥哉／『内田祥哉は語る』（権藤智之・戸田穣：編、鹿島出版会、２０２２年）
・丹下健三／『ＳＤ１９８０年1月号丹下健三特集号』（鹿島出版会、１９８０年）
・片岡献／『美しき沖縄の近代建築　ＣＬＡＲＡ』（公社 沖縄建築士会島尻支部、２０１６年）
・村松正恒／『日土小学校の保存と再生』（「日土小学校の保存と再生」編纂委員会：編、鹿島出版会、２０１６年）
・池辺陽／『現代日本建築家全集17池辺陽、広瀬鎌二』（栗田勇：監修、三一書房、１９７２年）
・ジョージ・ナカシマ／『ＳＤ選書 木のこころ』（ジョージ・ナカシマ：著、鹿島出版会、１９８３年）
・吉阪隆正／『現代日本建築家全集15吉阪隆正、芦原義信』（栗田勇：監修、三一書房、１９７１年）
・浅田孝／『丹下健三を語る』（槇文彦・神谷宏治：編著、鹿島出版会、２０１３年）
・大髙正人／相原功
・菊竹清訓／『ＳＤ１９８０年10月号菊竹清訓特集号』（鹿島出版会、１９８０）
・磯崎新／『ＡＲＡＴＡ ＩＳＯＺＡＫＩ ＳＥＶＥＮ ＡＲＴ ＧＡＬＬＥＲＩＥＳ』（磯崎新アトリエ：編、磯崎新アトリエ、２００８年）
・黒川紀章／『ＳＤ１９８９年6月号黒川紀章特集号』（鹿島出版会、１９８９年）
・仙田満／相原功
・山崎泰孝／前田由利
・伊東豊雄／『ＳＤ２００７』（「特別座談会：建築家はフォークボールを投げられるか」、鹿島出版会、２００７年）
・内藤廣／相原功
・高松伸／京都精華大学ホームページ
・藤森照信／相川幸二

著者略歴

藤森照信（ふじもり・てるのぶ）

建築史家、建築家。東京大学名誉教授。東京都江戸東京博物館館長。一九四六年生まれ。一九七八年東京大学大学院工学系研究科建築学専攻博士課程修了。一九八〇年工学博士。作品に、「神長官守矢資料館」「タンポポハウス」「熊本県立農業大学校学生寮」「ラムネ温泉館」「たねやラ・コリーナ近江八幡」など。著書に、『明治の東京計画』（岩波書店）、『建築探偵の冒険 東京編』（筑摩書房）、『フジモリ式建築入門』（ちくまプリマー新書）、『五十八さんの数寄屋』（鹿島出版会）など多数。

下村純一（しもむら・じゅんいち）

建築写真家、日本写真家協会会員。一九五二年生まれ。早稲田大学理工学部、同大学第一文学部卒業。（株）博報堂勤務後、一九八六年より早稲田大学、武蔵野美術大学の非常勤講師として建築評論、写真撮影実習を務める。著書に、『織りなされた壁』（グラフィック社）、『不思議な建築』（講談社）、『細部の神々』（平凡社）、『アール・ヌーヴォーの邸宅』（小学館）、『銭湯からガウディまで』（クレオ社）、『感性のモダニズム』（学芸出版社）、『写真的建築論』（鹿島出版会）など。

藤森照信の現代建築考

二〇二三年八月一五日　第一刷発行

著者　藤森照信・下村純一
発行者　新妻 充
発行所　鹿島出版会
〒一〇四-〇〇六一
東京都中央区銀座六-一七-一
銀座六丁目SQUARE七階
電話　〇三-六二六四-二三〇一
振替　〇〇一六〇-二-一八〇八八三

装丁　舟山貴士
DTP　シンクス
編集協力　藤 繁和（旭出版企画）
印刷製本　壮光舎印刷

ISBN 978-4-306-04701-3 C3052

本書の内容に関するご意見・ご感想は左記までお寄せください。
URL：https://www.kajima-publishing.co.jp/
e-mail：info@kajima-publishing.co.jp